성령의 역사

Originally published in English under the title:
The Work of the Spirit by Andrew Murray
Copyright ⓒ 2006 by Lux Verbi.BM
Published by Lux Verbi.BM
P.O.Box 5, Wellington 7654 South Africa
Tel. 021.864.8200 www.christians.co.za

All non-English language rights are contracted through:
Gospel Literature International
P.O.Box 4060, Ontario, California 91761-1003 USA

Korean edition ⓒ (2009) JinHeung Publishing Company
JinHeung building 4F 104-8 Sinseol-dong
Dongdaemun-gu, Seoul, Rep. of korea

성령의 역사

초판인쇄 | 2009년 6월 25일
초판발행 | 2009년 6월 30일

지은이 | 앤드류 머레이

발행인 | 박경진
펴낸곳 | 도서출판 진흥
출판등록 | 1992년 5월 2일 제 5-311호

주소 | (130-812) 서울특별시 동대문구 신설동 104-8
전화 | 영업부 2230-5114, 편집부 2230-5155
팩스 | 영업부 2230-5115, 편집부 2230-5156
전자우편 | publ@jh1004.com
홈페이지 | www.jh1004.com

ISBN 978-89-8114-331-5
값 7,000원

| 앤드류 머레이 지음 · 강혜령 옮김 |

성령의 역사

진흥

영적 부흥　06
부흥의 선구자 앤드류 머레이　08
브루스 윌킨슨의 소개　12
앤드류 머레이의 서문　14

Part 1
하나님의 영 ——— 16

Part 2
사랑의 영 ——— 48

Part 3
기도의 영 ——— 90

영적 부흥

지난 50년 또는 그 이상의 시간 동안 복음주의[1]나 카리스마파[2], 또는 그 외 크리스천들 사이에서 많은 위대한 영적 거장들의 삶, 사역, 그리고 글들에 대한 관심이 다시금 커져 왔다. 이런 흥미롭고 반가운 유행 풍조는 특히 오스왈드 챔버스(Oswald Chambers), 앤드류 머레이(Andrew Murray), 그리고 찰스 H. 스펄전(Charles Hadon Spurgeon)과 같은 초기 믿음의 영웅들에 의해 저술된 문학작품에 대한 수요가 높아지고 있다는 것에서 분명히 볼 수 있다. 이들을 포함해서 동류 작가들의 책은 오늘날 많은 기독교 출판사들의 베스트셀러 통계치와 재고 목록에서 두드러지게 나타난다. 이런 지속적인 현상의

---

[1] 성경에 밝혀져 있는 예수 그리스도의 '복음'을 중시하는 입장
[2] 병을 고치는 힘 등 신자에게 성령이 가져오는 초자연력을 강조하는 일파

배후에 있는 원인에 관해서 추측이 오가는 것이 당연하겠지만, 많은 크리스천들이 초기 영적 부흥의 개척자들과 다시 접촉하고자 하는 열망을 가지고 있다는 사실만은 의심할 수 없다.

영적 부흥 시리즈는 이런 과거 위대한 리더들의 최고의 작품을 제공하는 데 목적을 두고 새롭게 전개되는 시리즈다. 이 작가들이 크리스천의 믿음에 대한 제각각의 견해를 지니고 있다 해도, 이들 모두 "더 깊은 영적인 삶"이라고 칭할 만한 것에 관해서는 동일한 열정을 품고 있다. 그들의 설교와 저서에서 보여주는 공통점은 다음과 같다.

_ 개인의 인격적인 경험의 필요성
_ 규칙적인 성경 읽기, 기도, 그리고 복음 전파
_ 해외 선교에 대한 강력한 헌신

이미 위에서 언급된 사람들과 함께, 이 시리즈에 포함시키고자 현재 고려되고 있는 믿음의 작가들로는 G. 캠벨 몰간(G. Campbell Morgan), 찰스 G. 피니(Charles G. Finney), 마틴 루터(Martin Luther), 그리고 조지 휫필드(George Whitefield)가 있다.

부흥의 선구자
앤드류 머레이

앤드류 머레이(Andrew Murray)는 1828년 5월 9일, 현재 남아프리카의 동부 지방에 있는 것으로 알려져 있는 그라프 레이네트(Graaff Reinet)[3]라는, 작지만 매력적인 마을에서 태어났다.

초기사역

사역 초기에 그는 목회적인 책임들, 즉 종종 험난하고 위험한 도로를 횡단하는 일을 포함하여 약 5만 평방마일이나 되는 광범위한 지역을 담당했다. 또한 1만 2천여 명의 방대한 회중을 품어주는 일도 흔쾌히 감당했다.

---

[3] 남아프리카공화국 케이프 주(州)에 있는 도시. 포트엘리자베스에서 북서쪽으로 250km 떨어진 선데이 강(江) 연안에 있다.

부흥

머레이는 1860년 목회 요청을 받고 우스터(Worcester)[4]로 사역을 옮겼다. 그가 취임하던 당시는 영국, 스웨덴, 그리고 미국에서 대대적인 영적 부흥이 일어나고 있었다. 하나님께서 행하고 계신 일들에 대한 소식은 이미 남아프리카에도 전해졌고, 그 결과 많은 목회자들과 교회 성도들은 자신들의 땅에서도 그와 같은 성령의 역사가 일어나길 갈망하게 되었다.

머레이는 마을에 도착하자마자 거기서 열리고 있었던 교회 연합 모임에 참석했다. 다름 아닌 이 사건이 강력한 부흥의 방아쇠를 당기게 되었고, 더구나 이는 그 중요한 모임에서 머레이가 했던 기도로 시작되었다는 것이 일반적으로 알려진 사실이다.

몇 개월이 지난 후 기도의 불씨는 이 지역에 있는 다른 많은 마을에도 번졌고, 그 후 남아프리카 케이프 주(the Cape)[5]를 넘어 오렌지 자유주(the Orange Free State)[6]와 트란스발 주(the Transvaal)[7]까지 퍼지게 된다.

---

4 영국 잉글랜드 헤리퍼드우스터 주(州)에 있는 도시. 버밍엄 시(市) 남서쪽 40km 지점에 있으며, 옛 우스터셔 주(州)의 주도(州都)였다.

5 남아프리카공화국 남부에 위치.

6 남아프리카공화국 내륙 중앙에 있는 주(州).

7 남아프리카공화국 북동부에 있던 주. 1994년에 폐지되어 현재 존재하지 않는다.

머레이의 광범위한 사역

앤드류 머레이는 우스터를 중심으로 4년 또는 그 이상 동안 수고하여 결실의 해를 보낸 후, 일명 "어머니 도시"(Mother City)라고 하는 케이프타운(Cape Town)[8]으로 사역지를 옮겨 그곳에서 7년 동안 사역한다. 그 뒤 1871년 9월 21일 웰링턴으로의 청빙 요구를 받아들였고, 그곳에서 그의 인생에 가장 위대하고 가장 의미 있는 시간과 사역이 꽃필 운명을 맞이하게 된다. 그 후로 그는 선교에 열정적으로 헌신하여 직간접적으로 적어도 선교 단체 다섯 개가 세워지는 데 공헌했다.

강단 위에서 보여준 머레이의 설교는 사람들의 마음을 끌어당기는 매력이 있었다. 그의 진중함이 사람들을 감동시켰던 것이다. 그러나 그는 결코 자기 자신을 연설가로 생각지 않고, 복음의 하수인으로 여겼다. H. V. 테일러는 1894년 12월 6일자 영국 주간지 "브리티시 위클리"(The British Weekly)에 머레이에 대해 다음과 같이 적었다. "그가 설교할 때나 예배를 인도할 때, 그의 전 존재는 인간의 몸으로는 유지하기가 불가능해 보이는 영혼의 열정으로 달아오른다.

---

[8] 남아프리카공화국 서남부에 있는 도시. 아프리카의 가장 남쪽에 있는 도시이고, 이 나라 제일의 무역항이며 케이프 주의 주도(州都)이다. 1652년 얀 반 리벡이 네덜란드 동인도회사의 보급 기지를 건설한 것이 케이프타운의 시초인데, 남아공 사람들이 이곳에서 자신들의 역사가 시작됐다고 해서 '마더 시티'(Mother City: 어머니 도시)라고 부른다.

그 열성과 찌릿한 충격을 주는 어떤 힘이 그로부터 흘러나와서, 많은 관중에게나 그의 주변에 둥그렇게 모인 적은 수의 사람들에게나 한결같이 큰 감명을 준다."

머레이는 다작한 크리스천 작가들 중 한 사람으로서, 1880년에서부터 죽는 날까지 글을 쓰는 일과 책을 출간하는 일을 한 해도 거르지 않았다. 그의 깊이 있는 삶과 그리스도를 향한 헌신에 대한 메시지로 인해 그가 쓴 많은 글들이 계속해서 재판(再版)되고 있다.

앤드류 머레이는 당대에 높이 평가되고 존경받는 크리스천 리더로서 국제적으로 인정되었고, 지금도 그러하다. 그는 1917년 1월 18일에 잠들어 주님 곁으로 갔다.

브루스 윌킨슨의 소개

자신의 삶을 바꾸고자 하는 간절함이 매우 깊다고 해도, 그다지 효력이 없는 방법에만 매달려 있다면 누구나 끊임없는 실패감만 맛보게 될 것이다.

가령 당신이 씨름하고 있는 시기심이나 분노와 같은 기질을 예로 들어 보자. 당신은 재차삼차 몇 번이고 다시는 그 죄를 범하지 않으리라고 거듭 마음먹어 보지만, 늘 같은 다짐을 반복하고 있는 자기 자신을 발견하게 될 뿐이다.

도대체 그와 같이 극복하지 못하는 이유가 무엇인가? 하나님께서 '애써봤자 소용없을 것'이라고 이미 말씀하신 것에 괜히 힘 빼고 있는 것일까? 갈라디아서 5장 19절에 "육체의 일은… 시기와 분냄"이라고 말씀하신다. 말하자면, 시기와 분노는 죄성으로 말미암아 얻게 되는 육체의 산물이라는 것이다.

"그렇다면 나의 본성(nature)을 '고치면' 되지 않소?"라고 질문한다면, 글쎄, 본성이란 것이 "변할 수 있는 것"인가? 성경은 이에 동의하지 않는 것 같다. "육체의 소욕은 성령을 거스르고 성령은 육체를 거스르나니 이 둘이 서로 대적함으로 너희가 원하는 것을 하지 못하게 하려 함이니라"(갈 5:17).

이처럼 성경은 인간의 본성 자체가 본래 악하여 죄성을 지니고 있으며, 게다가 그 본성과 성령이 서로 대립하고 있다고 말한다. 우리의 문제는 사실상 인간 본성의 복구 자체가 불가능하다는 데 있다. "육신의 생각은 하나님과 원수가 되나니 이는 하나님의 법에 굴복하지 아니할 뿐 아니라 할 수도 없음이라"(롬 8:7).

그렇다면 우리는 어떻게 경건한 삶을 영위해 나갈 수 있는가? 성경은 그 해답을 밝히기에 주저하지 않는다. "너희는 성령을 따라 행하라 그리하면 육체의 욕심을 이루지 아니하리라"(갈 5:16). 크리스천들이 삶을 변화시키기 위해 접근하는 방식은 본성을 개선하는 것과는 전혀 무관하다. 그 대신, 성령의 인격에 초점을 맞춘다. 당신이 적극적으로 성령에 의지할 때, "육체의 욕심을 이루지 아니"하게 될 것이다.

우리 자신의 인간 본성은 하나님의 법에 굴복할 수 없다는 사실을 깨닫기 전까지는, 크리스천으로 살아가는 데 실패만을 경험할 수밖에 없을 것이다.

앤드류 머레이의 서문

이 책을 집필하면서, 나는 윌리엄 로우(William Law)의 영향력 있는 작품, 『겸손히, 진심으로, 그리고 사랑을 담아 성직자들에게 전하는 편지(Humble, Earnest and Affectionate Address to the Clergy)』로부터 상당 부분을 차용했다. 그는 작품에서 우리의 믿음을 하나님의 영, 사랑의 영, 그리고 기도의 영 이렇게 세 가지 항목으로 나누어 다루고 있다. 그 책의 주제는 중대한 의의를 가지고 있고, 로우는 그 문제에 대해 정통하여 상당히 심도 있게 다루고 있었다. 그래서 나는 그의 생각과 글을 꽤 많이 옮겨 왔다.

로우는 우리가 퇴락한 상태에서 벗어나 본연의 모습, 즉 거룩한 상태로서 그분의 신적 본성을 나눠가진 자로 변화하는 데에 필요한, 한 가지 능력 있는 필수요소에 집중하고 있다. 그는 성령에 관한 지극히 본질적인 진리를 아주 능숙하게 전한다. 그가 전하는 솔직

한 영감에 의하면, 성령은 무작위로 선택된 일부 크리스천들 안에만 거하셔서 역사하시거나 어떤 특별한 조건이 만족되는 한에서만 임재하시지 않고, 언제나 우리 안에서 우리로 하나님의 생명을 경험하고 아는 지식이 장성하도록 이끄신다.

로우는 우리가 자신의 인간적인 지식에 의존하는 데서 벗어나, 마음 안에 그리스도를 경험하고자 하는 영적인 추구가 필요함을 명확히 역설한다. 그는 더 나아가, 하나님께서 자신의 선하심을 따라 신실하게 그분의 영원한 계획을 이루고 계시며, 그 계획은 바로 우리를 그분 자신이 가진 신성의 일부인 사랑과 행복을 나누어 가진 자로 세우는 것임을 지적한다. 이를 우리 삶 속에 실제로 만들어 내기 위해서는 무엇보다 육의 죽음, 세상과 뿌리 깊은 이기심에 추락해 버린 죄성의 죽음만이 필요할 뿐이다.

이 시대의 교회가 믿는 자들의 마음에 그리스도를 보여주는 역사를 행하실 성령을 온전히 의지해야 한다는 절대적인 필요성을 다시 새롭게 깨닫는 것이 얼마나 절실한가! 우리의 유일한 참 생명으로 내주하시는 그리스도의 실재(實在)를 새롭게 재발견해야 할 우리의 필요는 또 얼마나 시급한가!

하나님께서 하나님의 영, 사랑의 영, 그리고 기도의 영, 이 세 가지 모두를 경험하게 되는 생명의 축복으로 우리 한 사람 한 사람을 인도해 주시길 겸손히 기도해 본다.

Part 1
하나님의 영

결정적 요소	18
전적인 의뢰	22
오직 영으로만	26
아담 안의 성령	29
성령의 역사	32
우리 안에 계신 그리스도	36
절대적으로 필요한	40
하나님의 나라	44

육으로 난 것은 육이요 영으로 난 것은 영이니
요한복음 3:6

기록된 바 첫 사람 아담은 생령이 되었다 함과 같이
마지막 아담은 살려 주는 영이 되었나니
고린도전서 15:45

성령으로 아니하고는 누구든지
예수를 주시라 할 수 없느니라
고린도전서 12:3

결정적 요소

하나님께서 우리를 구원하신 위대하고 근본적인 목적은 우리를 그분의 신적인 생명을 품은 자로서의 원초적인 상태로 회복시키는 것이었다. 더 나아가 성경에 기록된 모든 말씀의 구체적인 목표는 우리를 저 육신과 세상에 속한 사탄의 영으로부터 불러내어, 다시 한 번 우리가 하나님의 영에 온전히 의존하며 순종할 수 있게 하기 위함이었다. 이 모두를 이루기 위해서는 성령의 끊임없는 내주하심과 계속적인 운행하심이 결정적인 필수 요소가 된다.

하나님의 영이 그 안에서 호흡하시고 살아계셔서 역사하시지 않고서는, 모든 것이 무익하여 쓸데없다. 여기 이 땅에서 인간의 모든 것은, 가령 "무엇이든지 남에게 대접을 받고자 하는 대로 너희도 남을 대접하라 이것이 율법이요 선지자니라"(마 7:12)라는 말씀을 듣고 깨닫는 일이나 "그런즉 너희는 먼저 그의 나라와 그의 의를 구하라 그리하면 이 모든 것을 너희에게 더하시리라"(마 6:33)라는 말씀을 믿고 수긍하는 것과 같이 고상하고 훌륭한 일조차도, 실제로는 우리의 추락한 형상의 표징에 불과하다. 만약 그 일이 바로 우리 안에 계신 하나님의 생명과 신성을 나눠주고 있는 성령의 역사, 그분의 일하심이 아니라면 말이다.

"성령으로 아니하고는 누구든지 예수를 주시라 할 수 없느니라." (고전 12:3)는 말씀은 불변의 진리다. 이와 동일하게, 성령이 내주하셔서 통치하심이 없이는 누구도 그리스도의 참된 형상이나, 선함과 같은 어떤 신적인 능력을 소유할 수 없다는 것 또한 시간이 흘러도 변함없는 진리다.

우리가 성경을 읽으며 그저 두뇌 회전으로 이해할 수 있는 일말의 지식으로는 얻을 수 있는 유익이 거의 없다. 관건이 되는 위대한 질문은 바로 이것이다. 과연 진실로 우리가 읽는 이 말씀이 우리의 삶에 영향력을 미치며 변화를 가져올 것인가?

우리는 하나님의 유일한 소망이, 타락 이전에 그분이 아담 안에 거하였듯, 성령으로 우리 안에 거할 곳을 찾는 것임을 참으로 이해하고 믿는가? 하나님의 영이 영원히 내주하시고 역사하실 때에만 우리의 신앙이 빛나고 가치 있어진다는 사실을 우리는 정말로 의식하고 있는가?

영원하신 아버지, 나를 도우사 내 안에 성령의 일하심을 통해서 당신의

생명, 당신의 형상, 당신의 역사가 계시된다는 것이 무엇을 의미하는지 깨닫게 하소서.

성령의 역사는 하나님의 사람들의 헌신을 준비시키는 데 필수요소다. 이는 우리 모두가… 그리스도의 장성한 분량에 이르러 온전한 사람이 되기까지 그리스도의 몸을 세우기 위함이다(엡 4:12-13). - 앤드류 머레이, 『높은 곳으로부터 오는 능력』 중 -

선한 이는 오직 한 분이시니라
마태복음 19:17

살리는 것은 영이니 육은 무익하니라
요한복음 6:63

온갖 좋은 은사(가)…다 위로부터
빛들의 아버지께로부터 내려오나니
야고보서 1:17

전적인 의뢰

　인간이 보여주는 모든 선하고 의로운 성향은 단지 창조물 안에 드러날 수밖에 없는 창조자의 근원적인 선한 성품에 지나지 않는다. 참된 선(goodness)은 여느 다른 근원으로부터 발생한 것도 아니고, 하나님 한 분께 말미암지 않은 별개의 것도 아니며, 결코 그럴 수도 없다.

　이 불변의 진리는 우리를 또 다른 진리로 이끈다. 곧, 영적인 모든 영광과 행복, 그리고 인간이라는 창조물의 모든 즐거움은 지으신 자 안에 그 기원을 두고 있다. 또한 그것들을 누릴 수 있는 한도는 우리 안에 남아있는 그분의 영광과 축복의 정도까지, 바로 거기까지다.

　그러므로 진정한 신앙이라 불릴지 모르는 모든 성질은 바로 "하나님의 것은 하나님께"(마 22:21) 드리는 자세에 기초한다. 즉, 우리 안에 존재하는 모든 선함과 우리에게서 나온 모든 것이 오직 하나님께로부터 비롯된 것임을 인정하는 것이다.

모든 성경의 진리와 참된 신앙의 기초는 하나님을 향한 전적인 의뢰, 그리고 온갖 좋은 것들이 오직 아버지께로부터 온다는 사실에 대한 용납에 그 기반을 두고 있다. 천사들은 줄곧 하나님께로 올라가 그분과 연합하며 영원히 식지 않는 순결한 사랑의 불꽃을 태운다. 왜냐하면 오직 하나님의 영광, 사랑, 그리고 선하심만이 그들이 보아 아는 전부이기 때문이다. 인간처럼 선함과 사랑 같은 것이 그들 안에 내재하든, 그렇지 않든 간에 말이다. 신령과 진리로 드려지는 그들의 경배는 그들 자신 안에 있는 하나님의 모든 것과 하나님이 지으신 창조물 전체 안에 깃든 하나님의 모든 것을 항상 보아 인정하고 있기에 결코 쉼이 없다.

이와 같이 참되고 유일한 신앙의 대상은 하늘에 계시며, 그 분이 이 땅에 참된 신앙으로 경배 받을 이름을 주신 것은 단 하나도 없다. 신앙에 있어 "선하다"고 일컬어질 수 있는 것은, 우리 안에 실제 살아 역사하시는 하나님의 권능과 임재를 제외하고는 없다. 우리에게 영적으로 주어지는 참으로 선한 모든 것은 성령, 오직 성령께로부터 온다. 예를 들면, 누구도 자신 안에 있는 하나님의 정도를 벗어난 범주에서 선한 일을 행하는 데에 영향력을 행사할 수 없다. 더 나아가 이는, 우리가 하나님의 임재 안에 머무르는 시간을 가져야 함과, 우리가 신음과 한숨으로 괴로움을 토해낼 때조차도 "아바, 아버지"

라고 외칠 수 있게 힘주시는 성령님을 끊임없이 의뢰하도록 연습해야 함을 뜻한다.

단지 이 사실을 깨달았는지 아닌지에 따라 하나님의 자녀들의 삶이 얼마나 달라질 수 있는가! 성령이라는 선물로 우리를 그분과의 복된 연합과 교제 안으로 회복시키시고, 우리로 영원한 생명을 누리게 하실 놀라운 구원으로 말미암아 영원히 송축 받으실 아버지께 감사드린다.

> 사랑하는 주님, 영원히 높임 받으실 성령의 내주하심과 권능에 제 자신을 철저히 내어맡기지 않는다면, 당신과의 영원한 교제의 삶을 살려는 나의 모든 노력이 헛될 줄을 압니다. 오직 당신만을 순전히, 그리고 전적으로 의뢰하게 하소서.

이는 정말로 참된 믿음의 시험이다. 매일 그리고 매시간, 성령의 역사를 통해 우리 안에 끊임없이, 그리고 즉시로 피어나는 하나님의 생명의 활기에 절대적으로 의지하는 삶을 사는 믿음 말이다. - 앤드류 머레이, 『은혜의 보좌』 중 -

나를 떠나서는 너희가 아무것도 할 수 없음이라

요한복음 15:5

만일 하늘에서 주신 바 아니면 사람이
아무것도 받을 수 없느니라

요한복음 3:27

내 속 곧 내 육신에 선한 것이 거하지
아니하는 줄을 아노니 원함은 내게 있으나
선을 행하는 것은 없도다

로마서 7:18

오직 영으로만

　창조물과 창조자의 영이 나누는 영적인 교제와 본질적인 연합, 즉 하나님이 우리 안에, 우리가 하나님 안에 거하여 하나의 생명, 하나의 빛, 하나의 사랑을 이루는 것이야말로 진정한 신앙이다. 성령의 계속적인 내주하심과 역사, 그리고 참 신앙 사이의 관계는 본래 떼려야 뗄 수 없는 것이다.
　인간이 육체 본연의 상태에서 가질 수 있는 진실함, 또는 능력 있는 예배의 정도는 그가 실제 삶의 현장이나 물건을 사는 상점에서 보여 줄 수 있는 수준, 그 이상을 넘지 못한다.
　자기애, 자존심, 이기심은 전부 인간 본연의 모습에서 나올 수 있는, 또는 그 본성에 내재된 성향이다. 우리는 우리 안에 특별한 힘, 성령의 일하심으로 말미암은 초자연적인 역사가 없이는 이보다 더 낮거나 높은 수준으로 있을 수 없다.

누구도 하나님의 사랑의 수준에 미치거나, 하나님의 일방적인 사랑만으로 그분과 연합할 수 없다. 다만 창세 이후로 하나님 자신이 품어 오신 사랑의 영, 그 사랑의 영으로 하나님께서 우리를 사랑하셨듯이, 오직 그 사랑의 영만이 우리가 그분을 온전히 사랑하며 그분과 연합할 수 있게 하신다. 그 영이 하늘에 있든 땅 위에 있든, 창조된 자들은 하나님을 향해 어떤 새로운 종류의 사랑을 시작할 수 없다. 그러나 그러한 사람들 안에서도 오직 성령이 태어나는 역사가 일어나는 한에서만큼은 이 모든 일이 가능해진다.

다름 아닌 바로 이 사랑이 우리를 하나님께로 이끌어 줄 수 있다. 우리는 모든 장애를 헤치고 그에게 나아갈 힘도, 사랑하며 경배할 힘도 없지만, 사랑의 영의 계속적인 감동과 역사로 능력을 얻을 수 있다. 이 복된 진리가 우리의 마음 가득 소유될 때까지 주님을 구하자. 우리가 이제껏 깨달아왔던 것보다 더더욱 많이, 성령께서는 하나님의 사랑으로 우리의 삶을 가득 채우길 고대하신다.

> 아버지, 그리스도를 떠나서는 내가 아무 것도 할 수 없습니다. 부디 내 안에 역사하셔서, 내 안에 계신 성령의 역사를 신뢰하고 전적으로 의뢰할 수 있게 해주소서.

끊김과 깨짐 없이 교제의 삶을 살고자 간구하는 우리의 모든 노력은, 영원히 송축 받으실 성령의 거하심과 권능에 자신을 전적으로 내어맡기지 않는 한 헛될 것이다.
- 앤드류 머레이, 『생명 되신 주』 중 -

하늘이 옛적부터 있는 것과 땅이 물에서 나와
물로 성립된 것도 하나님의 말씀으로 된 것을

베드로후서 3:5

여호와 하나님이…사람을 지으시고
생기를 그 코에 불어넣으시니

창세기 2:7

아담 안의 성령

　태초에 사람이 창조되던 때에 성령의 역사는 없어서는 안 될 가장 중요한 요소였다. 삼위일체 하나님의 영은 아담에게 생기를 불어넣었고, 그를 하나님의 형상과 모양을 따라 거룩한 창조물로 빚은 유일한 존재였다. 이처럼 모든 일의 시작에 그가 계시지 않았더라면, 성령의 역사로 아담 안에 하나님이, 하나님 안에 아담이 있지 않았더라면, 아담이 하나님께로 돌이키지도, 그분을 아예 기억해내지도 못했을 것이다.

　그러므로 만일 인간을 하나님께로 이끄신 하나님의 영의 역사가 수반되지 못했다면, 복음의 섭리는 깨달아질 수도 없었고, 또한 인간의 구원이 이루어질 수도 없었을 것이다. 성령이 하시는 사역은 예나 지금이나 쓰러진 인간을 일으켜 하나님께로부터 새 생명을 얻게 하는 데에 필수적이다.

게다가 우리가 구원의 상태를 잘 유지하기 위해서도 마찬가지로 동일한 영의 간섭하심이 절대적으로 필요하다. 그리고 반드시 생명을 부여하신 분이 그 생명을 유지시켜 주어야 한다. 왜냐하면 만일 생명의 창조주이자 그 구원을 이루신 대행자인 성령의 영향력 아래 계속해서 주관되지 않는다면, 하나님의 생명은 처음 창조된 상태, 또는 구원 받은 상태로서의 선함을 유지시키기가 불가능하기 때문이다.

우리가 그리스도를 떠나서는 아무것도 할 수 없기 때문에, 성령이 우리 안에 내주하심을 통해, 우리의 존재와 행함의 모든 것을 가능케 하시는 그분의 계속적인 힘을 신뢰하고, 기대하고, 기다리며, 의지해야만 한다.

오늘날 하나님의 자녀들 중에 성령께서 여전히 직접적인 역사를 일으키시고 계시다는 사실을 마음으로 이해하고 인정하는 경우가 얼마나 적은가! 성령이 우리에게 어떤 존재가 되고자 하시는지, 또 우리 안에서 어떠한 역사를 체험시키고자 하시는지 이해할 수 있기를 소망하며 기도하자.

주님, 나의 마음을 온전히 주장하사, 내 안에 하나님의 모습과 형상이 회복되게 하소서.

우리 자신의 힘으로는 하나님을 사랑하거나, 이웃을 사랑할 수 없다. 그런 일은 오직 우리 안에 계신 성령의 역사를 통해서만 이루어질 수 있다. - 앤드류 머레이, 『은혜의 보좌』 중 -

만일 우리가 성령으로 살면 또한 성령으로 행할지니
갈라디아서 5:25

하나님의 나라는…오직 성령 안에 있는
의와 평강과 희락이라
로마서 14:17

하나님의 나라는…오직 능력에 있음이라
고린도전서 4:20

성령의 역사

자연의 질서 속에 있는 식물은 생명의 원천이 되는 뿌리에 연결되어 생명력을 끌어오지 못하면 살아남을 수 없다. 이와 마찬가지로, 성령을 신뢰하며 그에 순종하지 않고서는 피조물인 인간이 아무리 노력해도 죄로부터 멀어질 수는 없다. 성령의 사역과, 하나님의 영이 마땅히 이루어져야 할 모든 일을 통치하시는 '주의 나라'의 회복이 없었다면, 복음의 진리와 완성은 결코 나타나지 못했을 것이다.

그리스도께서 제자들에게 "내가 너희에게 실상을 말하노니 내가 떠나가는 것이 너희에게 유익이라."(요 16:7)고 말씀하셨을 때, 그분은 그들이 더 높은 수준의 신령한 상태로 발돋움할 것이라는 기대를 하셨을 뿐만 아니라, 지금 상태는 불완전하다는 사실을 넌지시 암시하고 계셨다. 그가 육신의 몸으로 이 땅에 계실 동안 사명을 다해 전하신 가르침들은, 제자들 안에 내주하실 성령의 운행과 감동에 의해 이루어져야 했던 것이다.

이는 우리에게 두 가지 중대한 진실을 전한다. 첫째, 그리스도께서 영광으로 승천하시고 나서, 성령의 직접적인 사역을 통해 사람들 사이에 그의 나라가 세워지기 전까지는, 복음의 진리와 완성이 완전히 드러날 수 없었다는 사실이다.

둘째, 사도들이 그랬듯, 그때부터 그 시대 말기까지 모든 신자는 그리스도의 구원이 가진 영적인 축복들에 대한 참된 지식을 가지고 있지 않았거나, 세상을 향해 설교하고 증거할 만한 능력을 소유할 수 없었다. 그러나 오직 하나님의 영이 그들의 내면에 그리스도에 대한 모든 비밀들을 열어 계시하심을 통해 이 모든 일이 가능할 수 있었다. 하나님과, 또한 동역하는 형제자매들과 깨지지 않는 지속적인 교제를 나누는 삶을 살고자 고군분투하는 우리의 모든 노력은, 초대 교회 신도들처럼 하나님의 영의 권능과 내주하심에 우리의 전부를 맡기지 않는다면 헛수고가 되고 말 것이다.

교회가 성령의 역사를 특별한 시대나 막중한 책임을 이행하기 위해 이따금씩 허락된 것으로 여긴다는 것이 얼마나 슬픈 일인가! 만약 아직도 그런 생각에 사로잡혀 있다면, 이제는 하나님이 약속하신 성령의 내주하시며 불어넣으시는 영감이 절대적으로 필요하다는 위대한 진리에 온전히 순복해야 한다. 그 한 가지를 마음에 품으며 기도하자.

그리스도의 참된 성품이 내 안에 빚어지도록, 주님, 나를 도우사 내 안에 계신 하나님의 영의 역사와 생기와 성별하시는 일에 나 자신을 점점 더 많이 내맡길 수 있게 해주소서.

하나님의 영이 당신의 눈에 총명을 더하시길 기도하라. 당신 안에 역사하시는 신령한 권능을 신뢰하라. 모든 일에 지혜의 영을 의지하는 법을 배우라. 성령이 오직 하나님의 지혜를 통해서만 인식할 수 있는 진리를 계시하시기를, 당신의 마음에 하나님의 지각을 나타내겠다는 약속을 주장하도록 가르쳐 주시길 기도하라.
- 앤드류 머레이, 『높은 곳으로부터 오는 능력』 중 -

너희는 위로부터 능력으로 입혀질 때까지…머물라
누가복음 24:29

떠나지 말고…아버지께서 약속하신 것을 기다리라…
너희는…성령으로 세례를 받으리라
사도행전 1:4-5

사람이…성령으로 나지 아니하면
하나님의 나라에 들어갈 수 없느니라
요한복음 3:5

우리 안에 계신 그리스도

　왜 사도들은 그리스도의 삶과 사역을 눈으로 직접 보고도, 성령으로 세례를 받고 나서야 (또는 성령으로 거듭나고 나서야) 예수께서 가르치시고 행하신 일에 대해 증거할 수 있었을까? 그 이유는 그들이 그러한 일들의 진실, 또는 하나님의 구속사에 감추어진 미스터리들을 사람의 생각으로는 이해할 수 없었기 때문이었다. 그 신비들은 오직 우리의 가장 깊은 내면에 계신 하나님의 영과 하늘로부터 내려오는 불로써만 체험되어 우리 안에 실체화되는 것이다.

　온갖 종류의 학문과 학식을 섭렵한 사람일지라도, 모든 인간은 그리스도가 그분 자신을 계시해 보이기 전까지는 구원을 전하는 복음의 미스터리 앞에 무지한 이방인으로 남아 있을 뿐이다. 성령의 역사는 영적인 죽음과 거듭남을 통해 영혼 안에 가장 근본적인 것을 바꾸는 데에 있다. 새로이 거듭나면서 새 것이 되는 것은 다름 아닌 그 사람의 영혼이다. 거듭 태어난 생명이 하나님과의 관계를 시작하면서, 우리 내면의 가장 깊은 곳에 있는 영혼이 하나님의 영께 복속된다. 그리스도의 구원의 능력에 대한 비밀은 개인의 내면에서 발견되고 경험되어야 하는 것이다.

우리의 구원은 우리에게 넘치도록 부어주시는 예수 그리스도의 생명에 달려 있다. 진리 중에 참 진리인 이 구원의 진리는 완전히 이해되었을 때에야 비로소, 성령의 역사로 말미암아 우리 영혼의 가장 깊은 곳에서 다시 태어나신 그 한 분께만 집중하는 온전한 믿음을 가져온다.

그런 사람에게는 그리스도와 그의 제자들의 말씀이 마음속에서 살아 움직이게 된다. 그리고 그 말씀들은 마음속에 어떤 불길이 타오르게 한다. 그것은 바로 내주하신 그리스도와 성령을 따라가는 일을 결코 멈출 수 없게 하는 거룩한 사랑의 불꽃인 것이다!

크리스천의 미덕이 되는 진리를 단 하나라도 소유하거나, 그리스도께서 가르치신 어떤 것에 관하여 같은 생각을 가진다는 것은 우리 안에 살아계신 그리스도의 영과 성품으로만 가능하다.

우리는 성령의 위대한 역사는 그리스도를 계시하는 것이라는 사실을 기억할 필요가 있다. 지식적인 차원에서 우리의 생각에 계시하는 것이 아니라, 우리 마음과 삶 속에서 우리 주의 참다운 죽음과 생명에 대해 의사소통하며 계시하는 것이다.

크리스천의 삶의 진정한 비결이 숨어 있는 이 복된 진리에 자신을 순복시키는 시간을 가져라.

사랑하는 주님, 나의 영적인 삶 깊이에서 역사하소서. 내 마음속에 거룩하고 신령한 모든 것이 내면에서 깨어나도록 구하게 하소서. 나의 믿음이 실제적인 구원을 체험한 진정한 내면의 신앙이 되게 하소서.

많은 크리스천은…그리스도가 십자가에서 죽으시고 이제도 하늘에서 자신들을 위해 살아 계시다는 사실을 믿음에도 불구하고…바로 오늘, 이 시대에도 그들 안에 살아계셔서 바로 이 땅에 계시다는 사실을 진심으로 믿지는 않는다. 교회가 능력이 없는 중요한 원인은 크리스천들이 전능하신 하나님께서 자신의 아들의 인격을 빌어 그들 안에 거하기로 작정하셨다는 사실을 믿지도 않고, 또 그것을 알더라도 크게 기뻐하지도 않는 데 있다.
- 앤드류 머레이, 『생명 되신 주』 중 -

말의 지혜로 하지 아니함은…
고린도전서 1:17

주께 받은 바 기름부음이…
모든 것을 너희에게 가르치며
요한일서 2:27

하나님의 일도 하나님의 영 외에는 아무도
알지 못하느니라…우리가 이것을 말하거니와…
오직 성령께서 가르치신 것으로 하니
고린도전서 2:11-13

절대적으로 필요한

로우(Law)는 우리가 지금까지 많은 부분을 할애하며 집중적으로 논한 이야기에 대해 저술한 뒤, 어찌하여 인간의 학식과 지혜의 은사가 그리스도께서 가르치신 성령에 전적으로 의지하지 않고 주제넘게 나서게 되었는지 보여주며 논지를 잇는다. 그런 변화는 자연스럽게 자기교만이라는 결과를 낳았다. 둘의 차이점은 하나는 인간의 학식과 지혜의 힘에 기댄 자만이고, 다른 하나는 성령의 가르침에 절대적으로 의존하는 겸손함이라는 것이다.

인류는 타락과 동시에 본연의 동물적인 육감을 다소 잃게 되었다. 그로 인해 결국 자기부인에 더 전념해야 할 필요가 생겼다. 이를 이해하기 위해 우리는 오직 두 가지를 깨달아야만 할 필요가 있다. 첫째는 우리의 구원이 우리 자신, 즉 우리의 본성으로부터 구원받은 우리의 존재로 이루어져 있다는 사실이다. 둘째로, 그 구원, 또는 인간의 형상으로 우리에게 나타난 구원자 그리스도가 어떤 드러냄도 불식시키고, 신적인 겸손함을 이루어내셨다는 사실이다. 따라서 우리의 구원자는 타락한 인간에게 다음과 같이 도전하신다. "무릇 (누구든지)…자기 목숨까지 미워하지 아니하면…자기의 모든 소유를 버리지 아니하면 능히 내 제자가 되지 못하리라"(눅 14:26-33).

자아는 다만 타락한 본성이 가진 악에 지나지 않기에 궁극적으로 자기부인에 우리의 구원이 달려 있다. 타락한 천사들과 인간의 모든 악함은 자기교만이나, 또는 더 노골적으로는 무신론과 자기숭배에서 발생하며 세력을 구축한다. 왜냐하면 자아는 본래 무신론자이면서 우상숭배자인 성향을 가지고 있기 때문이다. 자아는 하나님을 거부하기 때문에 무신론적이며, 자신이 자기의 우상이 되기 때문에 우상숭배자로서 본성을 가진다.

반면, 하늘의 삶의 모든 덕은 겸손의 미덕이다. 하늘에서는 모든 기쁨, 영광, 그리고 찬양이 겸손함 안에서, 겸손을 통하여 존재한다. 본질상 천국과 지옥 사이에 건널 수 없는 큰 구렁텅이를 만드는 것이 다름 아닌 겸손이다. 이것이 바로 단순하고 본질적인 복음의 진리다. 즉, 이전에도 결코 없었고, 앞으로도 다시없을 전 세계 유일한 겸손은 그리스도의 겸손뿐이다.

신앙생활에서 겸손은 우리가 처음에 깨닫는 것보다 훨씬 더 중대하고 심오한 위치를 차지한다. 겸손은 단순히 신앙의 여러 미덕들 중에 하나가 아니라, 가장 첫째 되는 것이며, 영혼에 필수적이다. 우리는 겸손을 통해서 우리가 어떤 작은 선함조차 끼칠 수 없는, 절대적으로 완전히 무기력한 존재라는 것을 깨닫게 된다. 그로 인해 우리 주 예수의 겸손을 얻기 위해서는 그분께서 그것을 우리에게 주셔야만 한다는 사실과, 우리가 믿음으로 그분께 반응한다면 우리 안에 숨 쉬는 그분의 생명을 통해 분명히 완성될 것이라는 확신을 얻는다.

아버지, 나 자신의 인간적인 지혜를 의지하는 것에서 벗어나서, 그리스도를 온전히 경험하길 구하는 마음으로 돌이킬 수 있는 은혜를 주소서.

우리는 복음을 전하는 데 있어서 하나님의 능력이 거의 드러나지 않는 중요한 원인을 가지고 있지 않은가? 십자가에 달려 죽으신 그리스도가 설교의 핵심 주제라고는 하지만, 종종 인간적인 학식과 화술에 가려, 정작 설교에 초자연적이고 신령한 능력을 부여하시는 십자가에 못 박히신 예수가 보이지 않을 때가 있다. - 앤드류 머레이, 『십자가의 비밀』 중 -

사람이 거듭나지 아니하면
하나님의 나라를 볼 수 없느니라
요한계시록 5:8

누구든지 그리스도의 영이 없으면
그리스도의 사람이 아니라
로마서 8:9

무릇 하나님의 영으로 인도함을 받는 사람은
곧 하나님의 아들이라
로마서 8:14

하나님의 나라

　천사들과 천상의 어떤 존재도 창조되기 이전, 만고적부터 홀로 존재하신 영의 빛은 천사들이나 인간이 하나님과 연합하거나 교제할 수 있도록 하는 유일무이한 빛임에 틀림없다. 따라서 영광스러운 창조 이래로 다시 드러난 하나님의 영의 빛 외에, 무엇이 인간의 구원을 이루는 데 기여하였노라고 공로를 주장할 수 있겠는가?

　주께서 천국이 가까이 왔다, 또는 우리 가운데 있다고 선포하실 때 언급하셨던 것이 바로 하나님의 역사에 관한 것이었다. 이는 하나님 스스로 주권적 통치가 가능함을 뒷받침한다. 왜냐하면 스스로 역사를 완성하시는 유일무이한 존재야말로 세상에 속한 기질도 아니요 창조로 만들어진 능력도 아니며, 완전한 자기부정 외에 인간에게 요구할 것도 없기 때문이다. 또한 하늘과 땅을 창조하시고 그 질서를 유지하시는 동시에, 성령의 임재를 통해 사람들의 나라가 하나님과 연합하게 하고 하나님의 나라가 사람이 되게도 하는 전능한 하나님의 역사 외에 그 존재를 달리 설명할 길이 없다.

신약의 말씀 중에서, 성령으로 거듭나지 않고는 누구도 들어갈 수 없는 하나님의 나라와 본질적으로 관계없는 구절을 본 적 있는가? 그리고 성령의 열매가 아니고서는 어떤 생각이나 욕구, 또는 행동도 천국에 속한 것이라 할 수 없다는 말씀에 반대되는 구절을 읽어본 적 있는가?

"나라가 임하시오며 뜻이 하늘에서 이루어진 것같이 땅에서도 이루어지이다"(마 6:10). 천국에 있는 하나님의 나라가 다름 아닌 신성한 피조물들에게 드러내시는 하나님의 존재와 역사를 의미하는 게 아니고서야 무엇을 말하는 것이겠는가? 생명이자 능력이시며, 모든 것의 원동력이 되시는 성령을 통하지 않고서야, 그곳에서 그분의 뜻이 어떻게 이루어질 수 있겠는가?

주기도문은 우리 안에 거하시는 성령의 신령하고, 필수적이며, 계속적인 조명하심만이 우리의 기도를 이룰 수 있게 하신다는 사실을 기억하게 한다. 왜냐하면 하나님의 능력이 아닌 다른 모든 권세가 쇠하여 끝나고, 아예 내쳐진 곳이 아니고서는 하나님의 나라가 있을 수 없기 때문이다. 창조주의 뜻을 움직이는 영께서 창조물 안에서도 동일하게 뜻하신 바를 이루시지 않고서야, 어찌 하나님의 뜻이 이루어질 수 있겠는가?

이것이 하나님의 나라의 진리이다. 그리고 아담 때문에 얻게 된 자신의 죄성으로부터 벗어나고, 세상의 영과 인간의 지혜의 성(城)에서부터 구출되어, 하나님의 나라에 속한 자로 살아가는 모든 자들의 특권이기도 하다. 하나님의 나라는 아버지의 영이 역사하시는 대로 말하며 움직이는 사람들 안에 이미 임했다. 하나님께서 천국을 통치하시는 것과 마찬가지로, 그분의 나라가 우리 마음에 임하면 그분께서 우리 마음속에 거하시고 다스리신다. 하나님의 나라는 그분께서 하늘을 통치하시듯, 동일하게 자신의 삶도 통치하도록 내어드리는 사람들로 이루어진다.

주님, 나 자신을 당신께 완전히 순복시켜 사랑의 영이 나를 다스리시기 전까지는, 나 스스로 만족하지 않길 원합니다.

성령은 우리가 죄성을 항상 굴복시킬 수 있는 힘을 주실 것이다. 성령의 열매(갈 5:22-23)는 사랑의 샘이 되어 우리의 마음에 가득 부어지는 그리스도의 사랑일 것이다.
- 앤드류 머레이, 『십자가의 비밀』 중 -

Part 2
사랑의 영

하나님의 사랑의 본질	50
하나님의 사랑의 필요성	54
거듭남의 필요성	58
신령한 삶	62
영원한 생명	66
두 가지 종류의 지식	70
완전한 타락	74
자아의 죽음	78
그리스도에 대한 믿음	82
그리스도와의 연합	86

사랑은 하나님께 속한 것이니 사랑하는 자마다
하나님으로부터 나서…이는 하나님은 사랑이심이라
요한일서 4:7-8

그는 변함도 없으시고
야고보서 1:17

사랑은…자기의 유익을 구하지 아니하며
고린도전서 13:4-5

하나님의 사랑의 본질

　사랑의 영의 근원은 하나님이시다. 거룩한 본질 안에 스스로 계신 하나님은, 그분으로 말미암아 모든 것이 태어나기 전부터 그 후로 계속, 완전한 선함을 이루고자 하셨다. 이는 영원부터 영원까지 변치 않으시는 하나님의 속성이자 하나님 자체이시다. 세상에서 일어나는 수많은 창조도 이 불변의 하나님으로부터 어떤 것도 더하거나 빼지 못한다. 그분은 항상 어제도 오늘도 내일도 변함없이 완전한 선함을 이루고자 하는 동일한 뜻이 되신다. 그러므로 그가 창조주이신 것이 확실한 만큼, 모든 피조물에게 복 주시는 분이 되신다는 사실도 자명하다. 또한 그분이 주실 수 있는 것은 축복, 선함, 그리고 행복뿐이다. 왜냐하면 그분 안에 그런 것들 외에 다른 속성의 것은 가지고 계시지 않기 때문이다.
　이제 피조물 안에 있는 사랑의 영의 근본과 본질에 대해 말할 차

레다. 완전한 선함을 이루고자 하는 의지 말이다. 참으로, 어떤 상황에서든 항상 완전한 선함을 이루고자 하는 이 의지를 가지지 않고서는, 우리가 사랑의 영을 가지고 있다고 말할 수 없다. 당신은 정말로 사랑을 베푸는 많은 일을 하며 기뻐할 수도 있다. 왜냐하면 그 일들이 사실상 당신의 상태나 기질과 완전히 모순된 것은 아니기 때문이다. 그러나 당신의 삶을 주관하는 영이 성령이 아닌 한, 당신이 그분의 인도하심을 따라 살지 않는 한, 사랑의 영은 당신 안에 없는 것이다. 성령은 시간이나 장소나 사람에 상관없이, 주든지 용서하든지, 견디든지 억누르든지, 동일하게 스스로가 기뻐할 만한 일을 하고 있다. 왜냐하면 사랑의 영이 우리 안에 계신 하나님의 진실이자 실재이기 때문에, 그분이 어디 계시든 사랑의 영은 축복이고 행복 그 자체이니까 말이다. 사랑의 영은 상급이나 칭찬, 영광을 바라지 않는다. 그의 유일한 소망은 그 자신을 바이러스처럼 퍼뜨리는 것이고, 그를 갈망하는 모두의 축복과 행복이 되는 것이다. 원수의 격분, 친구의 배신은 사랑의 영이 더 승리를 얻고, 그 생명을 이룩하고, 훨씬 더 엄청난 축복을 보여주도록 거들 뿐이다.

무한히 완전하고 행복한 하나님은 순결한 사랑이시며, 완전한 선함을 이루고자 하는 불변의 뜻이다. 이러한 이유로, 모든 피조물은 완전한 선함을 이루고자 하는 유일한 뜻이 아닌 다른 뜻에 이끌려 살아가는 한, 틀림없이 불행하고 타락하게 될 것이다.

우리를 향한 그분의 사랑이 영화롭고 거룩한 것처럼, 성령으로 우리 마음을 채우시겠다고 약속하심에 담긴 사랑 또한 그러함을 하나님께서 친히 가르치시길 기도한다.

나를 가르치사, 내 맘과 내 영과 내 뜻을 다해 당신을 나의 하나님으로 사랑하게 하소서.

하나님 한 분 외에는 선한 분이 없다(막 10:18). 모든 선함은 하나님으로부터 오고, 그분은 자녀들 각각의 마음의 소원을 따라 주신다.
- 앤드류 머레이, 『높은 곳으로부터 오는 능력』 중 -

네 마음을 다하고 목숨을 다하고 뜻을 다하여
주 너의 하나님을 사랑하라 하셨으니 이것이 크고
첫째 되는 계명이요 둘째도 그와 같으니 네 이웃을
네 자신 같이 사랑하라 하셨으니 이 두 계명이
온 율법과 선지자의 강령이니라

마태복음 22:37-40

하나님은 사랑이시라 사랑 안에 거하는 자는
하나님 안에 거하고 하나님도 그의 안에 거하시느니라

요한일서 4:16

하나님의 사랑의 필요성

하나님의 사랑이 절대적으로 필요함은 만고불변의 진리다. 어떤 피조물도 그 안에 하나님의 선하심이 없다면 그분의 자녀가 될 수 없다. 또한 그들의 삶이 사랑의 영에 속하지 않는다면, 삼위일체 하나님의 선하심과의 어떤 연합이나 교제도 누릴 수 없다. 사랑의 영은 하나님과 피조물을 묶어주는 유일무이한 결합의 끈이다. 하나님이 완전한 선함을 이루고자 하는 불변의 뜻이기 때문에, 오직 선한 의지와 결합할 때가 아니고서는, 신적인 뜻과 피조물의 의지가 합쳐져 연합하거나 일할 수 없다.

완전한 선함을 이루고자 하는 뜻이 하나님의 온전한 성질이기 때문에, 그분께 받아들여짐직한 모든 헌신과 예배 또한 그래야만 한다. 그분과 연합하여 사역하고 뜻을 이룰 성질의 것이 아니라면, 그 어떤 것도 하나님을 섬기거나 그분을 예배하고 사모할 수 없다. 완전한 선함만이 하나님의 뜻이며 하나님의 영이 되신다. 그러므로 자기의 뜻이나 자기의 영을 쫓는 모든 것은 예외 없이 완전한 선함을 이루고자 하는 절대적인 뜻을 저버리는 것이다. 또한 그렇게 함으로써 하나님의 생명과 영을 누릴 자격을 잃는 셈이다.

따라서 사랑의 영이 없이 하나님이 피조물 안에 존재할 수 없는 것처럼, 그분은 자기 자신을 부인하거나 자기의 거룩한 속성에 반(反)하는 행동을 할 수 없다. 그래서 사랑의 영은 절대적으로 필요하다. 사람의 영과 천사들을 탄생시킨 것도 다름 아닌 완전한 선함을 이루고자 하는 그분의 뜻이었기 때문에, 그들이 처음 존재로서 발현하게 한 사랑과 선함의 영, 바로 그 근원된 영 안에서 살고 일하며 그 영을 드러내야만 그분이 그들의 존재 안에서 계속해서 일하실 수 있다.

그분이 처음 지으신 형상의 온전함과 순결함 안에서가 아니면, 사랑의 영혼에 평안은 있을 수도 없다. 또한 사랑의 영에 속하지 않고는 누구도 온전함과 순결함을 얻을 수 없다.

하나님의 사랑이 모든 것을 창조했기 때문에, 사랑은 모든 피조물에게 순결, 완전함, 그리고 축복이다. 어떤 것도 하나님 안에서 살아남을 수 없지만, 사랑 안에서는 살 수 있다. 사랑만이 모든 악을 치료한다. 마찬가지로 사랑의 순결함 안에 사는 자는 악한 세력으로부터 해방되어 사랑의 영이 주는 자유 안으로 인도된다.

모든 사랑의 아버지 되신 하나님이 자기 자녀들의 마음 안에 다름 아닌 자신의 신령한, 영원한 사랑을 채워주길 갈망하고 계시다는, 이 아름다운 진리와 약속에 대해 곰곰이 묵상할 수 있는 시간을 갖자.

이제로부터 영원히 나를 낳은 모태가 되는 사랑과 선함의 영, 바로 그 영을 항상 드러내며 살아가기만을 소원하게 하소서.

그분의 사랑의 영이 우리 안에 다스리시고 통치하시도록 우리 자신을 온전히 하나님께 내어드릴 때까지 만족하지 말자. - 앤드류 머레이, 『은혜의 보좌』 중 -

그는 선하시며 그의 인자하심이 영원함이로다
역대상 16:34

영접하는 자 곧 그 이름을 믿는 자들에게는 하나님의
자녀가 되는 권세를 주셨으니 이는 혈통으로…
나지 아니하고 오직 하나님께로부터 난 자들이니라
요한복음 1:12-13

아무든지 나를 따라오려거든 자기를 부인하고
날마다 제 십자가를 지고 나를 따를 것이니라
누가복음 9:23

거듭남의 필요성

하나님의 영의 역사에 대해 생각할 때, 우리는 타락한 인간이 갖는 한계와 필요의 문제에 봉착하여, 무엇이 가장 중요한가에 대해 깊이 고려하게 된다. 구세주의 초림, 생애, 사역, 죽음, 그리고 부활에 관한 복음은 그리스도를 구주와 주인으로 시인하며 회심한 사람들의 삶에 당도했을 때, 성령의 회복의 역사를 일으키게 된다.

전 세계를 통틀어 거듭남보다 더 기쁜 이야깃거리는 없을 것이다! 사랑의 영이 일하심을 통해서, 우리가 아버지와 아들과 성령으로부터 흘러나오는 영원한, 결코 멈추지 않는, 늘 흐르는 축복과 선하심의 바다에 다시 합쳐질 수 있도록 이미 준비되어 있다는 사실 외에 우리가 기뻐할 수 있는 더 큰 이유가 존재할 수 없다.

그러므로 위로부터 거듭남, 즉 삼위일체 하나님이 당신의 타락한 본질의 속성 안으로 들어가심만이 당신의 영혼에 유익이 된다는 사실을 불변의 진리로 붙들라. 본성은 거듭남의 사역에 오차 없이 준비되어 있음에 틀림없다. 우리 본성의 특성이 거듭남의 과정으로 들어가는 출발점이 되어야만 한다. 사랑은 기쁨이기 때문에, 피조물의 본성이 애초에 기쁜 상태에 있거나, 기뻐할 수밖에 없는 것 안에 사로잡혔을 때가 아니고서는 기쁨이라는 감정이 절대 떠오를 수가 없다.

바로 여기에 하나님이 사람이 되셔야만 했던 이유가 있다. 사람의 본성 안에 없는 기쁨, 그 기쁨의 상태가 다시 본성의 기본적인 상태가 되게 하기 위해, 완전한 기쁨이신 삼위일체 하나님이 사람의 영 안에서 태어나야만 했던 것이다. 그리고 이 모든 일을 이루기 위해 사랑의 영의 역사가 수반되지 않으면 안 되었다.

여기서 또한 우리는 마찬가지로 하나님 안에 사는 유일한 길인, 십자가와 자아의 죽음에 관한 복음적 교리의 필요성을 절대적으로 알 수 있다. 이 십자가 또는 자아의 죽음은 어떤 선행도 다스릴 수 있는 유일한 도덕이다. 그러므로 진정한 도덕의 역할은 십자가를 제시하는 것이다. 그 십자가만이 본성을 저항하고 부인할 수 있는 능력이 있고, 사람의 영을 사로잡아 그 안에 새 생명을 불어넣어 줄, 신적인 선함의 능력을 풀어놓을 힘이 있다. 선함은 사랑의 영이 마음속에서 살아 움직이는 모든 것의 호흡이 되기 전까지는, 단순히 자연스러운 정욕의 다툼으로 발산된 친절이나 호의적인 말일 뿐이다. 당신 안에 살아계시고 역사하시는 하나님, 바로 그분의 본질이신 사랑의 영 이외에 다른 진실한 신앙이란 없다.

　이 놀라운 사랑으로 인해 하나님을 경배하고자 깊은 겸손함으로 엎드리자. 그리고 자아를 부인하고 자아의 죽음에 이를 수 있도록 은혜를 구하자.

> 사랑의 하나님, 당신 안에 있는 모든 거룩함과 축복을 함께 나누고자 하는 열망의 시내가 내 마음속 샘으로부터 멈추지 않고 솟아나 흐를 수 있을 때까지, 내 안의 모든 자아가 죽을 수 있게 하소서.

우리의 본능적인 자아는 하나님께 대하여 반목하고 있다. 우리는 스스로 하나님을 기쁘시게 하는 어떤 일도 할 수 없을 정도로 죄의 권세 안에 묶여 있다.
- 앤드류 머레이, 『생명 되신 주』 중 -

의인은 없나니 하나도 없으며…
선을 행하는 자는 없나니 하나도 없도다
로마서 3:10-12

그 보배롭고 지극히 큰 약속을 우리에게 주사
이 약속으로 말미암아 너희가 정욕 때문에
세상에서 썩어질 것을 피하여 신성한 성품에
참여하는 자가 되게 하려 하셨느니라
베드로후서 1:4

신령한 삶

천사도 사람도 두 가지의 생명을 얻어서 소유하지 않으면, 선하다거나 참으로 행복하다고 말할 수 없다.

일단 그 첫 번째로서, 그런 피조물은 그 본성의 특성과 생명이 있어야만 한다. 즉 이해력, 의지, 그리고 욕망과 같은 다양한 감각들을 가지고 있어야만 한다는 뜻이다. 하나님의 창조력으로 말미암아 생기게 된 이것을 피조물이 가지고 있을 때에야 피조의 생명을 얻었다는 뜻이 된다.

두 번째로, 피조물은 그 안에 하나님의 생명과 본질을 소유해야만 한다. 그렇지 않고서는 더 높은 수준으로 나아갈 수 없다. 내주하시고 피조물과 연합하시는 하나님의 생명으로 말미암지 않고는, 선하고 행복한 삶을 도저히 누릴 수 없다. 그러므로 신과 인간의 연합, 즉 사람의 모습으로 형상화된 하나님의 아들만이 타락한 아담의 모든 후예를 구할 단 하나의 가능한 구원이 되신다. 즉 신적인 생명과의 첫 번째 연합으로부터 떨어져 나와 죽은 아담, 그 이후의 타락한 후손을 다시 한 번 신성을 나누어 가진 자로 만드는 연합만이 생명의 길이다.

복음의 본질은 다음 말씀에 나타나 있다. "예수는 하나님으로부터 나와서 우리에게 지혜와 의로움과 거룩함과 구원함이 되셨으니"(고전 1:30). 이 복음이 없다면, 우리는 다만 본능에 충실한 피조물일 뿐이다. 왜냐하면, 선함과 행복은 절대적으로 하나님과 분리될 수 없고, 하나님 안에만 있을 수 있기 때문이다.

이 놀라운 진리는 내면의 거룩함과 피조물이 지닌 모든 외적인 행실 사이에 명확한 구분을 지어준다. 율법이나 선지자에 의한 것이든지, 또는 성경이나 교회 의식에 의한 것이든지, 하나님의 모든 뜻은 자기 스스로는 공급할 수 없는 거룩함에 유일한 도움이 된다. 왜냐하면 그 섭리로 인해, 본래의 사역과 피조물로서의 본성의 삶으로부터 벗어나, 믿음과 소망, 그리고 인류의 첫 번째 조상의 타락으로 잃어버린 바 된 삼위일체 하나님의 생명과의 첫 번째 연합을 향한 갈망과 목마름을 느끼게 되기 때문이다.

선함과 행복이 절대적으로 하나님과 분리될 수 없기에, 우리를 온전히 소유하고자 하시는 사랑과 그분과의 끊어지지 않는 교제만이 우리의 유일한 소망이 된다는 놀라운 진리에 사로잡힐 수 있게 도우시길! 하나님의 생명과 사랑이 우리 마음속에 거하시는 것만이 우리의 유일한 소망과 영원한 기도가 되기를!

아버지 하나님, 믿음과 성령의 역사를 통해 당신을 향한 굴복과 순복을 함께 나눌 수 있게 해주소서.

그리스도와 같은 사랑이, 우리가 그리스도의 제자라는 사실을 모든 사람이 알게 만드는 수단이 될 수 있는 것은, 내주하시는 그리스도의 위대한 진리가 교회의 믿음에 발들일 자리를 얻을 때에라야 가능하다. - 앤드류 머레이, 『십자가의 비밀』 중 -

그가 또 다른 보혜사를 너희에게 주사
영원토록 너희와 함께 있게 하리니
요한복음 14:16

그런즉 이제는 내가 사는 것이 아니요
오직 내 안에 그리스도께서 사시는 것이라
갈라디아서 2:20

우리의 속사람은 날로 새로워지도다
고린도후서 4:16

영원한 생명

내주하신 하나님의 호흡, 생명, 일하심이 없이는 지능을 가진 어떤 존재 안에도 일말의 선이나 행복이 있을 수 없다. 이 사실을 기본 바탕에 두고 곰곰이 생각해 볼 때, 성령의 내주하심과 역사에 대한 진리를 광신이나 과장으로 보는 여느 사람들의 생각은 얼마나 터무니없는가?

이처럼 선함이 하나님과 분리되어서는 존재할 수 없다는 사실을 전제로 해보자. 만약 피조된 선물로써가 아닌, 하나님 자체가 피조물의 축복과 거룩함이 됨으로써 하나님만이 참으로 축복하고 거룩하게 하실 수 있는 분이라면, 그렇다면 피조물의 삶에서 삼위일체 하나님의 내면의 연합과 역사하심을 제쳐두고, 다른 근원으로부터 선함과 행복을 얻으며 즐기기를 기대하는 것처럼 눈 먼 행위가 어디 있는가? 그러므로 동물이 생명을 유지하기 위한 호흡작용에 공기가 필수적인 만큼, 피조세계 안에 성령의 내주하심은 선함, 거룩함, 행복의 삶에 필수적이다.

평범한 크리스천도 하나님의 영에 감동되고 인도하심 받기를 기대하고 신뢰하는 마당에, 성령의 역사를 특정한 시대와 환경, 또는 선지자나 사도와 같은 특별한 인물에만 한정시키는 것이 얼마나 큰 실수인가?

모두가 사도나 선지자로 부르심을 입지 않았을지라도, 우리 모두는 하늘에 계신 아버지의 온전하심 같이 거룩하고 온전하라는 부르심을 받았다. 우리 모두는 그리스도와 같이 되고, 하나님이 뜻하신 대로 바라며, 모든 일을 그분의 영광을 위해 행하고, 세상의 영을 등지고, 오직 마음과 뜻과 영을 다해 하나님을 사랑하고, 자기 자신과 같이 이웃을 사랑하도록 부르심을 입은 것이다. 이 부르심을 이루기 위해서는, 선지자나 사도에게 일어날 만한 위대하고, 신령하고 초자연적인 역사가 요구된다.

크리스천의 일상에서 거룩함이란 특별한 경우에만 이따금씩 나타나는 이상 현상이 아니라, 항상 살아서 우리를 흥분시키는 생명이다. 즉, 거룩함은 우리의 생각, 의지, 욕구, 그리고 감정 안에 살아있는 것이다. 만일 우리 모두가 그러한 내면의 거룩과 선함으로 부르심을 입었다면, 우리 안에 계신 하나님의 영의 역사가 의심할 여지없이 필수적이다. 만약 우리의 생각과 감정이 항상 거룩하고 선해야 한다면, 거룩하고 선하신 하나님의 영이 우리 안에서 삶의 원동력으로서 영원히 떠나지 않는다는 원칙 하에 일하셔야만 하는 것이다.

아버지께서 아들 안에 사신 것처럼, 그리스도께서 우리 안에 거하신다. 믿음은 성령으로 말미암은 그리스도의 편재하심에 의해 자라게 된다. 하나님께서 당신에게 그리스도와 당신과의 분리될 수 없는 연합을 계시하시길 기도한다.

> 영원히 높임 받으실 하나님 아버지, 권능으로 나에게 계시하사 당신의 성령의 내주하시고 영원하신 인도하심과 역사야말로 진정 당신이 주기 원하시고, 내가 당당히 요구할 수 있는 것이라는 복된 진리를 깨닫게 하소서, 하나님의 아들이시여, 오직 내 안에 모든 선함과 행복이 당신의 신성의 역사와 연합으로부터만 공급될 때까지 내 안에 계셔서 내 영혼의 축복과 거룩함이 되소서.

성부, 성자, 성령 세 분의 거룩하심으로 완벽히 거룩하신 하나님은, 계속적인 내주하심과 교제를 통해 우리에게 거룩한 생명을 불어넣으심으로써, 우리를 거룩한 성소 되게 하는 위대한 역사를 완성하신다. - 앤드류 머레이, 『생명 되신 주』 중 -

너희가 성경에서 영생을 얻는 줄 생각하고
성경을 연구하거니와 이 성경이 곧 내게 대하여
증언하는 것이니라

요한복음 5:39

더 좋은 소망이 생기니 이것으로
우리가 하나님께 가까이 가느니라

히브리서 7:19

그러면 율법이 하나님의 약속들과 반대되는 것이냐
결코 그럴 수 없느니라…그러나 성경이…
약속을 믿는 자들에게 주려 함이라

갈라디아서 3:21-22

두 가지 종류의 지식

미덕과 선에 관련된 모든 형태는 우리에게 두 가지, 아주 다른 방법으로 나타날지 모른다. 사람이나 규칙, 관습을 통해 외면적으로 가르쳐졌을 수도 있고, 또는 우리 자신의 영혼의 참된 거듭남을 통해 우리 안에 내면적으로 탄생되었을 수도 있다.

전자의 경우, 우리의 정욕을 잘못된 금기 아래 눌러놓아, 기껏해야 우리의 외면적인 행동만을 바꾼다. 이런 식으로 선함을 배우고 선의 경지에 도달하는 것은, 불완전함에도 불구하고, 꼭 거부해야 할 것은 아니다. 그러나 이런 방법은 "율법이 우리를 그리스도께로 인도하는 초등교사"(갈 3:24)가 되었던 것처럼 잠시 임시적인 역할 정도만 해낼 수 있다. 선량한 사람들을 통해서든 성경을 교과서로 삼아서든, 그런 모든 외면적인 가르침을 통한 것은 "율법은 아무 것도 온전하게 못할지라."(히 7:18)는 히브리서 저자의 말처럼 결점을 보이게 마련이다.

　마찬가지로, 성경 말씀이 우리를 온전케 하기 위해 주어졌음에도 불구하고, 성경으로써가 아닌 그리스도 예수를 믿는 믿음을 통해서만 얻을 수 있는 구원으로 우리를 인도해 주지 못한다면, 그 자체로서는 실질적으로 선이나 유익을 거의 공급해 주지 못한다. 성경은 우리가 완전한 빛과 지식을 담고 있는 진정한 샘과 근원을 어디서 찾고 발견할 수 있는지를 가르쳐 주기 위해 만들어졌다. 성경의 말씀들은 우리가 그 말씀 자체보다 더 좋은 어떤 것, 바로 우리의 참 빛이요, 생명이며 거룩이 되신 분께로 우릴 안내할 수 있을 뿐이다.

　만약 당신이 사람이나 책과 같은 외면적인 도구를 통해서만 미덕과 선을 배운다면, 시간과 장소에 따라 외적인 행위로는 착하거나 도덕적인 사람이 될 수 있을 것이다. 그러나 당신이 겸손과 사랑을 행하거나, 기도의 모양새를 갖추고 기도하는 데 시간을 들인다 할지라도, 진정한 기도, 사랑, 그리고 겸손의 영은 하나님의 내주하시는 빛과 생명의 역사를 통해서만 임하실 수 있다. 다시 말해서, 그런 것들은 외면적인 가르침을 통해 오지 않고, 다만 우리 안에 거듭난 영혼의 탄생을 통해서만 얻어진다.

　교회 안에 선함이 간헐적으로 드러나는 상태에서 외면적인 가르침이 넘쳐나는 반면에, 신자들의 마음과 삶 안에 계신 그리스도를 내면적으로 드러내도록 하는 가르침, 격려, 경험은 실제적으로 너무 부족한 상태로 있다는 사실이 통탄할 노릇이다.

사도 바울은 그런 의미에서 계속적으로 다음과 같이 말하고 있다. 영광스럽고 풍성한 "비밀은 너희 안에 계신 그리스도시니 곧 영광의 소망"이라고(골 1:27). 내주하신 그리스도는 사도들이 살아온 믿음의 삶의 비밀이자 전 생애와 사역을 이끈 힘과 목표였고, 유일한 영광의 소망이었다. 그리스도의 영원한 임재를, 그분을 온전히 신뢰하는 자들에게 주어진 확실한 선물로 받아들이자. 성령의 내면적인 가르침과 역사가 우리로 하여금 천국의 생명을 얻게 하실 것을 전심으로 신뢰하자.

> 주 하나님, 나의 신앙이 사람의 율법과 법에 의해 외면적으로만 드러나지 않게 하시고, 내 영혼의 참된 거듭남을 통해 내 안에서 내면적으로 태어나게 해주소서.

새로운 언약이 있다면, 하나님께서 사람으로 순종의 삶을 살 수 있도록 준비하실 것이란 사실이다. 율법은 내면의 어딘가에 놓였고, 마음에 새겨졌다. "이는 먹으로 쓴 것이 아니요 오직 살아 계신 하나님의 영으로 쓴 것이며 또 돌판에 쓴 것이 아니요 오직 육의 마음판에 쓴 것" 이다(고후 3:3). - 앤드류 머레이, 『생명 되신 주』 중 -

하나님께서 그들을 그 상실한 마음대로
내버려 두사 합당하지 못한 일을 하게 하셨으니
곧 모든 불의, 추악, 탐욕, 악의가 가득한 자요
롬 1:28-29

마음에서 나오는 것은 악한 생각과 살인과
간음과 음란과 도둑질과 거짓 증언과 비방이니
마 15:19

내 속 곧 내 육신에 선한 것이
거하지 아니하는 줄을 아노니
롬 7:18

완전한 타락

사랑의 영이 우리 안에 태어나기 전까지는, 하나님의 사랑이 실제로 어떤 성질을 가지고 있는지 진정 인식할 수 없다. 하나님의 사랑은 본질적으로 신성에 속해 있기 때문에, 그의 사랑은 완벽한 평화요 기쁨이며, 그 어떤 불안으로부터도 벗어난 자유이고, 절대적인 만족이다.

그리스도는 인간의 모습으로 구현된 하나님의 사랑이다. 그분의 임재는 자연계에 속한 모든 생명에게 하나님의 축복과 행복을 가져온다. 그분은 우리의 잃어버린 온전함을 회복시켜주시고, 의에 굶주림을 만족시키시며, 그분 자체로 "모든 지각에 뛰어난 하나님의 평강"(빌 4:7)이 되신다.

피조물이 창조주 하나님으로부터 돌이켜 자기 자신에게로 향할 때 발견되는 것은, 하나님이 없는, 자기 본연의 본성뿐이다. 그 안에서 발견될 수 있는 것이라고는 온갖 불의로 더럽혀진 추악함밖에 없다. 탐욕, 질투, 교만, 분노가 자아, 또는 타락한 인간의 본성을 구성하고 있는 네 가지 요소이며, 이는 본성으로부터 떼려야 뗄 수 없는 것이다. 만일 우리가 그 네 가지의 참 모습을 보게 된다면, 타락한 본성의 상태로 있느니 차라리 전염성이 강한 병에 걸려 격리병실에 감금되어 있거나, 독사가 우글거리는 구덩이 속에 내던져지는 게 나을 것이라 생각하게 될 것이다. 흉측한 우리의 '자아 괴물'은 어떤 형태로든 비춰지는 선행 아래 감추어질 수 있다. 이 괴물은 심지어 기도하고 금식하거나, 열정적으로 긴 시간 설교할 수도 있다. 사실, 이 괴물은 우리 삶의 타락한 행태로부터 점점 불어나는 노골적인 죄보다도, 그렇게 미덕의 모습으로 꾸며지는 속임수로부터 더 많은 생명과 힘을 공급받는다.

  자아의 죽음, 또는 그 괴물의 지배로부터 벗어나는 일은 우리가 그에 저항하며 고군분투하고 노력한다고 해서 얻어질 수 있는 것이 아니다. 사실 이를 이룰 수 있는 유일한 방법은 너무나 단순하고 간단하다. 참되고, 즉각적이며, 정확하고, 유일한 이 방법을 굳이 물을 필요가 있을까? 정답은 바로 단순한 포기의 길, 곧 하나님께 온전히 순복하는 것이다. 여기에 무조건적으로 자아의 죽음을 여는 열쇠가 놓여 있다.

  크리스천의 삶에서 배워야할 것들 중에 자아의 본성에 관한 정직한 깨달음보다 더 어려운 것은 없다. 그것의 끔찍한 힘, 비밀스러우

면서도 보편적인 지배, 그리고 우리가 그 본성의 참 모습을 알지 못하도록 눈을 가리는 위력은 우리가 짓는 모든 죄와 악의 원인이다. 그렇기 때문에 우리의 자아가 하나님께 순종하거나 진실로 그분의 사랑을 믿는다는 게 절대적으로 불가능하다는 사실을 근본적으로 이해하는 사람이 극히 드물다.

더 나아가 우리를 자아로부터 구해낼 수 있는 것은 믿음으로 말미암아 우리가 이미 그리스도와 함께 죽었다는 것을 이해했을 때 오는, 죽고자 하는 온전한 기꺼움 뿐이다. 우리의 믿음과 성령의 역사를 통해 우리가 온유, 자비, 겸손을 누릴 수 있게 해주는 힘도 그로부터만 온다. 또한 하나님께 순복함으로써 그리스도의 죽음이 아버지의 눈에 아름답고 합당하게 빛날 수 있었던 것처럼, 우리가 아버지께 순복할 수 있게 하는 유일한 길도 그것뿐이다.

존귀하신 하나님의 아들 예수님, 오직 당신에 의해서만 저는 거룩한 삶을 삽니다. 당신이 아니시면 나를 자아로부터 건져 낼 자가 없습니다. 당신이 아닌 그 누구도 나를 내 아버지의 거하시는 성소로 돌아가는 길로 인도할 수 없습니다.

그리스도께서…우리가 하나님께 자유롭게 나아갈 수 있게 하기 위해 죄의 권세를 깨뜨리셨다. …이와 동시에 죄의 권세로부터 자유한 새 마음, 하나님의 법 안에서 기뻐하며 순종할 수 있는 마음을 얻는 놀라운 축복을 입었다. - 앤드류 머레이,『십자가의 비밀』중 -

너희는 그 은혜에 의하여 믿음으로 말미암아
구원을 받았으니 이것은 너희에게서 난 것이 아니요
하나님의 선물이라 행위에서 난 것이 아니니
에베소서 2:8-9

너희가…그리스도와 함께 죽었거든 어찌하여…
규례에 순종하느냐…사람의 명령과 가르침을 따르느냐
골로새서 2:20-22

수고하고 무거운 짐 진 자들아
다 내게로 오라 내가 너희를 쉬게 하리라
마태복음 11:28

자아의 죽음

　많은 이들은 자아를 극복하는 방법이 우리가 전 장에서 보았던 것처럼 어떻게 그렇게 간단하고 단순하고 즉각적인지 궁금해 할 것이다. 소위 실제적인 미덕을 이루기 위해서는 상당한 시간과 노력이 필요하다는 게 일반적인 사실 아닌가? "온유, 자비, 겸손, 그리고 순복"이 자아를 죽게 할 수 있는 즉각적인 수단이라는 말은, 당신이 단지 하나님께로 돌이켜서 전적인 믿음과 신뢰를 그분께 드리는 그 즉시, 가장 타락하고 추악한 죄인들이 그리스도께로 돌아와 도움을 얻으며 구원받을 때 누릴 수 있도록 준비된 은혜와 동일한 은혜를 받는다는 것이다.

　왜 크리스천들이 타락한 자아의 정욕을 억누르고자 헛되이 애쓰는지 아는가? 왜냐하면 그들이 단순한 믿음이 아닌, 인간의 많은 규칙과 방법에서 이 문제의 해결책을 찾기 때문이다. 그 단순한 믿음으로 크리스천이 아닌 자들조차 주님께 간구한 것을 즉시로 얻는데도 말이다.

"수고하고 무거운 짐 진 자들아 다 내게로 오라 내가 너희를 쉬게 하리라"(마 11:28). 평안과 위로를 얻을 수 있는 길이 얼마나 쉽고 단순명료한가! 여기에 자아와 죄의 권세로부터 해방되고, 그리스도의 구원의 능력과 성품을 발견하는 수단으로 사용될 어떤 규칙이나 방법론 따위가 차지할 자리나 있는가?

믿음과 소망으로 당신 자신을 내어맡기고 살아계신 그리스도의 영원한 권능과 권위에 집중하도록 하는 것이 필요하다. 결론적으로, 그리스도의 다스리심을 바라는 마음속의 모든 진심 어린 소원이 뜻하는 것은 그리스도를 향한 은밀한 전념, 혹은 진실한 믿음으로 그분 앞에 경배하며 엎드리는 것이다.

또한 우리는 그리스도에 대한 믿음을 생각할 때, 종종 그분이 십자가에서 우리를 위해 행하신 일에만 집중하는 경향이 있다. 그러나 그 의미는 훨씬 더 광대하고 부요하다. 그분 안에 있는 모든 은혜와 우리 삶을 향한 목적을 요구할 수 있는 것도, 그리고 성령을 통해 그것을 우리 자신의 것으로 얻을 수 있는 것도, 오직 믿음으로만 가능하다. 따라서 그리스도 안에 있는 미덕과 은혜를 우리의 것으로 만듦을 통해 날마다 믿음을 훈련할 수 있다. 이런 식으로 우리는 바로 그리스도의 생각을 품으며 소유하게 된다.

주 예수님, 단순한 믿음을 통해 당신 안에서만 쉼을 얻을 수 있을 때까지 자아를 짓누르는 비참한 노동으로부터 날 자유케 하소서.

많은 신자들이 자아와 세상에 대해 죽어야 한다는 문제에 관하여 거의 모르거나 아예 알지 못하고 있다. 그러나 우리 마음에 거하시는 하나님의 사랑과 거룩함을 원한다면, 그 문제를 이해하는 것이 필수적이다. - 앤드류 머레이, 『십자가의 비밀』 중 -

나는 마음이 온유하고 겸손하니…내게 배우라
그리하면 너희 마음이 쉼을 얻으리니 이는
내 멍에는 쉽고 내 짐은 가벼움이라 하시니라
마태복음 11:29-30

나를 위하여 자기 목숨을 잃는 자는 얻으리라
마태복음 10:39

너희 안에서 행하시는 이는 하나님이시니
자기의 기쁘신 뜻을 위하여 너희에게 소원을 두고
행하게 하시나니
빌립보서 2:13

그리스도에 대한 믿음

"나는 마음이 온유하고 겸손하니…내게 배우라 그리하면 너희 마음이 쉼을 얻으리니 이는 내 멍에는 쉽고 내 짐은 가벼움이라."라는 그리스도의 말씀에서, 우리는 두 가지 진리를 만나게 된다. 첫째로, 온유, 자비, 겸손의 태도로 순복하는 것은, 엄격히 말하자면 그리스도에게서 배우는 것이나 그분에 대한 믿음을 가지는 것과 동일한 것이다. 그리고 둘째로, 그럼으로써 타락한 아담으로부터 물려받은 모든 자기 형상과 소유를 정말로 포기하고 있는 것이기 때문에, 그분께 대한 높은 수준의 믿음의 행함을 연습하고 있는 거나 마찬가지다.

이처럼 그리스도를 향한 믿음과 소망을 통해 얻어지는 모든 축복과 죄로부터의 해방은 하나님의 영이 이끄시고 다스리심을 통해 우리에게 확실해진다. 당신 자신을 그분께 온전히 드림으로써, 당신의 온 마음이 그분이 거하시는 거처가 되고, 그분은 당신 안에 사시며 일하시게 되어, 결국 당신은 바로 그리스도의 품 안에 안겨 있게 되는 것이다. 그렇게 전적으로 내어맡겨질 때, 그리스도가 당신 안에서 진리의 빛이 되시고, 그 이후로는 당신이 영위하는 삶이 당신 자신의 소유가 아니라 오히려 당신 안에 사시는 그리스도의 것이 된다(갈 2:20 참고).

크리스천의 삶은 본질적으로 전인격을 무조건적으로, 그리고 의식적으로 그리스도의 통치와 주권 아래 내어맡기는 순복을 수반한다. 또한 살아계신 그리스도가 이처럼 양도된 삶을 소유하실 것이란 확신을 전제로 한다. 사랑의 영은 한 인격체가 하나님의 권능과 자비 앞에 단순하지만 실제적이고도 완전하게 포기하는 행동을 통해 전 자아가 죽기로 결정하기 전까지는, 그 어떤 타락한 피조물 내에 존재할 자리를 찾을 수 없다. 그러므로 당신 자신의 성급함이나 교만이 불쑥불쑥 고개를 내밀 때, 이 겸손한 순복의 자세로 인내하며 하나님의 자비로운 도움의 손길을 의뢰하라. 고통과 염려로 인한 불안감이 더 크면 클수록, 당신은 가장 위대한 최상의 안정감에 더 가까이 있는 것이다. 왜냐하면, 그 안정감은 하나님으로부터 모든 것을 기대하도록 하는 인내함을 갖도록 하기 때문이다. 우리가 경험할 수 있는 신령한 역사는 하나님께 대한 우리의 믿음과 소망과 신뢰의 수준, 그 이상도 그 이하도 아니다.

우리의 전 존재를 성령의 일하심에 진정으로, 완전히 내어드리는 것! 바로 여기에 참 신앙이 서게 하는 모든 비결이 있다. 이제 당신의 생각을 다음과 같이 고정하라. "내 영혼의 완전한 결심과 목적은 하나님의 온순한 어린양 안에서 나의 구원을 찾는 일임에 틀림없다. 오직 그분만이 내 안에 하나님의 선하심과 순결하심을 낳을 수 있게 하는 능력을 가지고 계신다."

주 예수님, 내 자신과 이 세상의 영을 완전히 부인할 수 있는 구원의 믿음을 주세요. 내 안에 거듭남과 새 생명의 원동력이 되는 그 믿음이 오직 당신께만 있음을 믿습니다.

오직 하나님 한 분으로만 우리의 자신감을 삼을 필요가 있다.
- 앤드류 머레이, 『생명 되신 주』 중 -

하나님이 죄를 알지도 못하신 이를
우리를 대신하여 죄로 삼으신 것은 우리로 하여금
그 안에서 하나님의 의가 되게 하려 하심이라

고린도후서 5:21

너희는…그리스도 예수 안에 있고 예수는…우리에게
지혜와 의로움과 거룩함과 구원함이 되셨으니

고린도전서 1:30

우리가 즐거워하고 크게 기뻐하며 그에게 영광을
돌리세 어린 양의 혼인 기약이 이르렀고

요한계시록 19:7

그리스도와의 연합

하나님의 어린양은 타락한 인간의 어두워진 영혼 안에 진정한 사랑과 완전한 순종으로 부활하기 위해 아버지의 가슴을 떠나 육신의 몸을 입으신 영원한 사랑과 순종의 전형이다. 하늘의 영광이신 이 하나님의 어린양께서 하늘, 그 중심에 거하시듯 우리 가운데에도 거하사 정말 가까이에 계신다고 생각하면 어찌나 위안이 되는지.

아, 나를 하나님께 내어맡기는 순복의 제사가 얼마나 황홀한지! 내 안에 모든 정욕이 행복한 죽음을 맞이하고, 거룩한 삶의 복된 기름부음이 임하는 제사! 내 영혼으로부터 모든 악한 것을 몰아내는 유일한 길이 되신 분께서 나의 인도자요, 통치자가 되시는 순간! 그 순간 나는 고백하리라. 오직 당신 외에는 나를 내 자아로부터 구원할 자가 없다고. 오직 당신 외에 나를 하나님께로 인도할 자가 없다고. 음부는 당신의 임재가 있는 곳에서 권세를 잃고, 천국조차 당신

앞에 숨어버릴 수밖에 없군요 라고. 성령께서 이끄시지 않는 한, 일말의 생각에도 빠지지 않고, 다른 사람들과 나 자신을 위해 한 마디도, 어떤 일도 결코 허락되지 않는다. 어렴풋할지라도, 영혼이 안식할 이 기회는 자아를 짓누르는 비참한 노동에서 해방시켜 하나님의 영 앞에 내어맡기고 쉴 수 있는 자유를 준다. 그리고 그것은 마치 내면에 거하는 신랑의 기쁜 목소리와도 같아서, 내 안에 어린양의 혼인잔치 이외에는 소망하는 다른 것이 없게 만든다.

혼인잔치는 이생을 사는 인간의 영혼과 하나님 사이에 존재할 수 있는 연합 중에서도 최고로 밀착된 상태의 연합으로 들어가는 입구를 의미한다. 다시 말해, 우리가 이전에 기쁨이나 평안이라고 부르던 모든 유물 따윈 지워버리는 동시에, 하나님 안에 있는 평안과 기쁨으로 둘러싸인 우리의 존재를 마음껏 즐기게 되는 날인, 우리 안에 사랑의 영이 태어나는 생일인 것이다.

그러한 것들이 당신의 소유가 된다는 건 자명한 일이다. 단, 당신이 하나님께 온전히 순복하는 길에서 멀어지지만 않는다면 말이다. 하지만 만일 당신이 그 길로부터 벗어난다면, 이런 순간은 영원히 아득한 영광으로만 보이게 되어, 더 혹독한 자아의 죽음만 준비시킬 뿐이다. 왜냐하면 어린양의 자비 외에 다른 마음을 품고 열심을 내어 행한 모든 것까지도 잘라내야 하기 때문이다.

하나님의 어린양으로서, 그리스도는 우리가 타락의 상태에 잠들어 있음을 깨닫게 하고, 그로부터 벗어나 그분의 자비와 겸손으로

도약할 수 있는 의지를 낮게 할 모든 권능을 가지고 계신다.

하나님의 어린양의 목소리에 귀를 기울이자. 그분이 우리에게 말씀하고 계신다. "나는 마음이 온유하고 겸손하니…내게 배우라"(마 11:29). 하나님께서 그분을 가장 크게 높이신 이유도 다름 아닌 그분의 겸손함 때문이었다. 그리고 우리의 삶이 그리스도의 겸손과 온유하심에 대한 갈망을 멈추지 않고 나타낼 때에야 비로소 우리 영혼이 참된 안식을 얻게 될 것이다.

주 예수 그리스도, 당신은 나의 참 행복이시고, 축복이시며 선함이십니다. 왜냐하면 당신은 내 안에서 하나님과 함께 모든 지혜와 의와 거룩함과 평화가 되셨기 때문입니다.

십자가를 지신 그리스도와 당신과의 연합에 대한 의식이 자랄 때, 당신 안에 있는 그분의 생명의 능력이 당신을 죄의 권세로부터 자유케 한다는 진리의 실체를 경험하게 될 것이다. 점차적으로 당신은 새로운 삶이 있다는 것, 그리스도가 정말 당신 안에 살아 계시다는 것, 그리고 당신이 그리스도 안에 영원히 남아, 그분 안에 거하고 일해야 하는 삶으로 부르심을 입었다는 사실을 깨닫게 될 것이다. - 앤드류 머레이, 『십자가의 비밀』 중 -

Part 3
기도의 영

하늘의 보물 열기	92
절대적인 선	96
자아의 세계	100
계속적인 자기부인	104
마음의 상태	108
세상의 영	112
완전한 절망에서 벗어나	116
참 신앙	120
완전한 의뢰	124
절대적인 순복	128
기도의 영	132
마음의 기도	136
성령의 증언	140

하나님이 자기 형상 곧 하나님의 형상대로
사람을 창조하시되 남자와 여자를 창조하시고
창세기 1:27

그는 우리 각 사람에게서 멀리 계시지 아니하도다…
우리가 그를 힘입어 살며 기동하며 존재하느니라…
우리가 그의 소생이라
사도행전 17:27-28

하나님을 가까이하라
그리하면 너희를 가까이하시리라
야고보서 4:8

하늘의 보물 열기

인간이 이 세계에 놓여진 건 다른 이유에서가 아니라, 바로 기도를 통해 시간의 공허함으로부터 빠져나와 영원의 풍요로움으로 뛰어 올라가기 위해서다. 이러한 인생이 곤핍하고 비참할지 몰라도, 우리는 위대하고 선하며 행복한 모든 것에 마음대로 접근할 수 있다. 천국이 우리에게 선사하고자 소유하고 있는 모든 보물을 열 열쇠가 바로 우리 자신의 손에 쥐어져 있다.

지성을 가진 존재를 통틀어 유일하게 선하신 우리 하나님은 부재하시는 분도, 멀리 떨어져 계신 분도 아니지만, 우리의 몸에 나뉘어 계시기보다는 우리 영혼 안에 함께 편재하신다. 다만 우리가 천국을 낯설게 느끼고, 이 세상에서 하나님 없이는 이방인 같게 되는 유일한 이유는(엡 2:12 참고) 우리가 기도의 영을 피하기 때문이다. 오직 기도의 영만이 우리 안에 하나님의 나라와 천국의 문을 여는 데 결코 실패함이 없는 유일한 열쇠다. 식물이 가장 비옥한 토양에 심겨지고 최상의 기후 조건에 위치해 있을지라도, 하나님이 인간을 위해 준비한 모든 것을 열망하는 영혼을 지닌 인간만큼 간단히 완벽하게 성장할 수는 없다. 꽃봉오리를 틔우기 위해 열정적으로 내뿜는 태양빛의 강렬함도, 그분께 속한 것을 나누어 갖고자 갈망하는 사람과 대화하기 원하시는 하나님의 열망에 비할 바가 아니다.

우리 모두는 태어나면서부터 이미 하나님의 자녀다. 우리는 서로에게 속해 있는 것보다 그분과 더 끈끈하게 묶여 있다. 성경은 이에 대해 "우리가 그를 힘입어 살며 기동하며 존재하느니라"(행 17:28)고 말씀하신다. 하나님으로부터 낳은 바 된 첫 사람은 아버지와 아들과 성령이 불어넣은 생기와 영혼을 가지게 되었고, 그리하여 그는 생령(창 2:7)이 되었다. 그는 하나님의 형상과 모습을 본떠 만들어졌다. 이는 그의 외형과 형태에 대한 이야기가 아니다. 어떤 모양도 하나님과 같을 수 없기 때문이다. 다만 하나님이 자기의 성질과 자기의 영을 불어넣으셨다는 말이다. 또한 아버지와 아들과 성령은 항상 천국에 계시고 다시 말하면 세 분이 계신 곳은 그 어디든 천국이 되므로, 성부, 성자, 성령 하나님이 사람에게 생명과 동시에 천국도 불어넣으신 것이다. 그러므로 이 첫 사람은 땅에 있었을 뿐만 아니라 천국에도 있었다. 즉 다시 말해서 천국에 있는 것과 같은 상태, 또는 생명의 탄생을 뜻하는 파라다이스에 있었던 것이다.

우리는 여기서 태양에 빗댄 교훈으로부터, 하나님의 말씀에 담긴 가장 깊은 진리 중 하나를 알 수 있다. 태양이 그 빛과 온기를 기다리는 지구에 볕과 열기 비추기를 기꺼이 원하는 것처럼, 살아계신 하나님 또한 그 피조물의 마음에 역사하시고자 끊임없이 기다리고 계신다. 아니, 오히려 더 정확히 이야기하자면, 하나님은 우리가 그분을 거부하거나, 불신앙이나 세상의 영에 완전히 복속됨을 통해 그분을 가로막지 않는 한, 우리 안에서 역사하길 결코 멈추지 않으신다. 날마다 이렇게 고백하지 않겠는가? "의심의 여지없이 지구를 비추는 태양처럼, 나의 하나님은 내 마음에 그분의 빛과 사랑을 비추사 나로 그 안에서 즐거워하게 하신다."

주님, 당신께서 나에게 기도의 영과 당신을 향한 마음의 열렬한 갈망을 기꺼이 부어주심을 깨닫게 하셔서 감사합니다.

일단 다시 한 번 그녀가 구원을 예수 그리스도와의 필수불가결한 생명의 연합으로, 우리 안에 거하시고 역사하시는 그분의 생명을 실제적으로 공유하는 것으로 완전히 깨달은 즉시로, 교회는 그녀의 힘을 입을 것이며, 하나님과 사람의 교제를 통해 그리스도의 형상과 권능이 얼마나 진실로 그녀 안에 임하는지 증명하게 될 것이다.
- 앤드류 머레이, 『기도의 능력』 중 -

하나님은 사랑이시라
요한일서 4:16

그리스도의 사랑을 알고 그 너비와 길이와
높이와 깊이가 어떠함을 깨달아
에베소서 3:18-19

절대적인 선

우리에게 선함, 좋은 것을 주고자 하는 갈망을 뿜어낸 하나님의 선하심이 바로 창조의 시작이며 이유였다. 이 사실에서 우리는 영원토록 하나님께서 선한 것을 주시는 것 이외에 피조물을 향해 가지고 계신 다른 생각이나 의도는 없다는 결과를 도출해낼 수 있다. 참으로, 그분이 피조물을 만든 유일한 목적은 복을 얻게 하기 위해서다.

태양이 오직 한 가지 속성만을 가지고 있고, 생명이라는 축복을 발생시킬 수 있듯이, 거룩한 삼위일체 하나님 또한 자신의 모든 피조물을 향한 오직 한 가지 속성과 목적만 가지고 계신다. 그리고 그 목적은 바로 신적인 온전함 가운데서 발산하는 부요함과 달콤한 행복을, 받을 수 있는 모든 것 위에 부어주는 것이다.

이것은 사랑이 아니고는 설명될 수 없는 속성이다. 그는 절대적인 선이시며 변함없이 넘쳐흐르는 선의 샘이 되셔서 영원토록 오직 선함만을 분출하신다. 그는 사랑 그 자체이시다. 사랑이 아닌 어떤 다른 동기로도 움직이지 않으시는, 순결하고 헤아릴 수도 없는 사랑이시다. 게다가 그는 자신의 지은 모든 피조물에게 오직 사랑의 선물만을 선사하신다. 그리고 그 답례로 그들에게 어떤 것도 요구하지 않으시지만, 오직 그들이 존재함으로서 탄생하게 한, 그 근본 사랑의 열매만을 바라신다.

하나님의 사랑의 풍성함의 높이와 깊이를 생각해 볼 때 얼마나 행복한지! 과연 그 사랑이 얼마나 매력적이기에 이성을 지닌 모든 사람이 한없는 선하심이 흘러넘치는 이 샘으로 자신의 사랑을 돌이키게 되는 것인가? 신만이 줄 수 있는 이 사랑의 바다에서 헤엄치며 우리의 존재를 계시받고 헤아날 수 없게 되는 이 신앙의 삶에 도대체 무슨 매력이 숨어 있는 것인가?

아담의 원죄를 사함 받는 구속으로부터 몸의 부활에 이르기까지 우리의 구원에 대해 총체적으로 바라보라. 그러면 다름 아닌 천사와 사람을 창조하신 그 첫 사랑의 심오한 비밀을 연달아 발견하게 될 것이다. 복음에 숨어 있는 모든 신비는 사실 모든 만물과 그에 부속된 피조물의 죄와 혼란을 제거하는 일에서 자신의 사랑으로 승리를 이루고자 하는 하나님의 열망을 증거할 뿐이다.

태양과 그 온기에 비교해가며 더 깊이 생각해 보라. 추운 겨울날 눈부신 햇살에 몸을 맡긴 채 따스함을 즐기는 한 병약한 환자에게 그것이 얼마나 기쁨이 될지 생각해 보라. 따스한 태양의 온기를 가장 잘 맛볼 수 있는 스위스의 어느 높은 산으로 떠나는 여행은 어떤가? 그렇다면 이번엔 슬프게도, 하나님의 자녀 중에 그들에게 필요한 것이라고는 그분의 빛이 그들 안에, 그들을 투과해 비칠 때까지 하나님 앞에 잠잠히 기다리는 것뿐이라는 사실을 이해하는 자가 몇이나 될지 생각해 보라. 만일 우리가 시간을 들이지 않으면, 그것도 그분의 빛이 우리 마음속 깊이까지 당도할 수 있을 만큼 충분한 시간을 들이지 않는다면, 그분의 헤아릴 수 없는 사랑이 우리 마음에 들어와 우리 삶을 가득 채울 수 있길 기대하는 건 다 소용없는 일일 것이다. 이 사실을 이해하는 자가 얼마나 적은가?

> 아버지, 나를 가르치사 당신의 사랑을 신뢰케 하시고, 내 마음이 그 사랑으로 가득 차기 전까진 안주하지 않게 하소서. 참 사랑의 주인 되신 선하신 하나님, 이 땅의 삶에서 탈피하도록 주장하시는 기도의 영으로 말미암아 나로 버릴 것이 남지 않을 때까지 하나님 안에서 그리스도와 함께 하나의 생명, 하나의 사랑, 하나의 영을 이루게 하소서.

하나님은 사랑이시요, 자기 안에 있는 모든 거룩함과 축복을 자신의 피조물과 함께 나누길 원하는 갈망으로 영원히 넘쳐흐르는 샘이시다. - 앤드류 머레이, 『기도의 능력』 중 -

나는 날마다 죽노라

고린도전서 15:31

자기의 생명을 사랑하는 자는 잃어버릴 것이요
이 세상에서 자기의 생명을 미워하는 자는
영생하도록 보전하리라

요한복음 12:25

그리스도 예수의 사람들은 육체와 함께
그 정욕과 탐심을 십자가에 못 박았느니라

갈라디아서 5:24

자아의 세계

"타락"이란 말은 정확히 정의하자면, 아담에 속한 인류가 하나님께 속한 삶에서부터 멀어져 자기애, 자존심, 자기중심으로 가득 찬 동물적인 삶, 자아의 삶으로 추락했음을 의미한다. 모든 죄와 죽음, 그리고 지옥은 결국 이 자아의 세계에서 벌어지는 다양한 결과물들이다.

오순절에 하나님의 새로운 통치가 임했다. 하나님께 있어서 그것은 각양 은사와 은혜를 온 교회 위에 부으시는 성령의 역사였다. 인간에게 있어서 그것은 영과 진리로 임한 하나님의 열렬한 사랑이었다. 이 모든 일의 목적은 우리 안에 하나님의 내주하심과 계속적인 역사에 있었다. 그래서 성령의 감동과 지혜에 속하기 위해서는, 성령으로 세례 받은 우리가 자아를 부인하고, 영의 권한과 육에 속한 모든 것을 주께 굴복시켜야 한다.

자아의 세계는 본질상 영적으로 하나님의 생명을 거부하는 전면적인 배신이다. 반대로, 그리스도의 세계는 내면에 거듭난 새 사람에게서 명백히 증명되는, 하나님의 영과 권능이다.

하나님께서 당신의 영혼을 처음 회개의 자리로 부르실 때에, 자신의 의지와 이성의 작동을 모두 멈춘 채 물러나서, 잠잠하라. 그분께만 순순히 따르며, 겸손히, 당신 안에 일어나는 새 생명에 집중하라. 그러한 때에 우리는 자신의 진솔한 밑바닥과 맞닥뜨리게 되어, 우리의 모든 감각, 정욕, 성질, 생각들을 절제하며, 자기를 부인해야 할 필요를 절실히 느낀다. 우리 자신의 삶이 혐오 대상이 되어야 하는 이유는 간단하다. 그 안에 사랑스러울만한 것이 하나도 없기 때문이다. 하나님으로부터 공급되지 않고서는, 우리 자신은 아무 것도 아니다. 선함에 있어서 완전히 무력함을 알고 인정함으로써, 우리의 자아는 완전히 버려지고, 그에 속한 세계는 파괴된다.

이제 당신은 날마다 죽고 날마다 다시 사는 것이 무엇을 말하는지 알고 있다. 그러므로 날마다 새로운 하루가 시작할 때, 당신이 이러한 죽음도, 또한 이러한 생명도 조달받을 수 없는 벼랑 끝에 서 있다고 생각하라. 하나님의 발 앞에 상한 마음을 가지고 자신을 내던져라. 그리고 당신의 삶에 모든 순간이 그분의 것이 되는 것 외에 다른 아무것도 갈망하지 말라. 다만 오랜 동안 세상의 쓰레기에 덮여 꺼져버린 생명의 불씨와 영원의 씨앗이 다시금 숨 쉬어 당신 안에 생명을 되찾아줄 수 있기를 진심으로 기도하라.

하나님께서 우리 안에 내주하시고 계속적으로 역사하도록 하시기 위해, 우리는 성령의 능력으로 완전히 자아를 부인하고, 하나님께서 거하시고 역사하시도록 우리 전 존재를 그분께 내어맡겨 드릴 필요가 있다. 하나님의 구속의 사랑이 그 능력을 발휘하고 그에 속한 모든 축복을 쏟기 위해선, 진정한 절제와 자기부인이 필수다.

> 성령 하나님, 저를 자아의 세계와 저 자신의 의지와 이성의 굴레에서 벗어나, 속사람 안에서 그리스도의 세계와 하나님의 권능으로 말미암아 피어나는 새로운 삶으로 인도하여 주소서.

영적인 진리는 우리 마음 안에 계시하시는 성령의 계속적인 역사가 아니고서는 깨달아질 수 없다는 사실을 기억하라. 사실, 성도 안에서 행하시는 그분의 가장 위대한 역사는 그리스도를 십자가에 못 박히시고 우리 안에 내주하시는 분으로서 우리에게 계시하는 것이다. 이 사실이 실재로서 다가올 때에라야, 우리가 그리스도와 함께 우리 자신과 세상을 향해 죽고, 영으로 새 생명을 얻어 그분과 함께 살아나는 것이 무엇인지를 경험하게 될 것이다.
- 앤드류 머레이, 『십자가의 비밀』 중 -

누구든지 나를 따라오려거든 자기를 부인하고
자기 십자가를 지고 나를 따를 것이니라
마태복음 16:24

너희 중의 누구든지 자기의 모든 소유를 버리지
아니하면 능히 내 제자가 되지 못하리라
누가복음 14:33

우리 살아 있는 자가 항상 예수를 위하여
죽음에 넘겨짐은 예수의 생명이 또한
우리 죽을 육체에 나타나게 하려 함이라
고린도후서 4:11

계속적인 자기부인

그리스도는 우리를, 아담이 천국의 생명을 저버리고 에덴동산에서 영육 간에 죽었던 그 죽음만큼이나 실제적이고 완전하게, 우리의 부패한 본성의 삶에 대한 죽음으로 부르고 계신다.

우리 삶이 끝날 때까지, 자아의 죽음은 우리 인생 여정의 매순간 어김없이 따라붙는다. 우리의 세속적인 본성을 끊임없이 완전하게 부정하는 것에 미치지 못하는 불완전한 생각은 모든 것이 달려 있는 핵심을 놓쳐버리는 것이다.

당신은 주께서 마태복음 13장에서 말씀하신 "극히 값진 진주"를 당신이 찾은 것이라 믿으면서, 진리들을 발견했단 사실에 즐거워할지 모른다. 그러나 46절 말씀을 주의해서 보면, 당신이 가진 모든 소유를 다 팔아 실제로 그것을 사러 가지 않는 이상, 그 진주는 당신의 것이 아니다.

이제 정의하건대, 위에서 말한 "당신이 가진 모든 소유"는 자아를 말한다. 당신이 포기해야 하는 것이 바로 당신 자신의 자아이다. 하나님으로부터 계속 떨어져 있는 배신의 피, 닿기만 하면 모든 것을 부패시켜버리는 그 본성 말이다. 모든 악한 기질은 자아에 뿌리를 두고 있으며, 자아로부터 영양분을 빼앗아온다. 당신의 자아, 이 내면의 본성을 죽여라. 그리하면 당신의 모든 외부의 적은 정복될 것이다.

진실한 신앙의 밑바탕에는 아담을 쓰러뜨려 타락으로 몰아넣은 육적인 삶을 극복하는 것이 필수요소로 수반된다. 하나님의 아들은 우리가 이 삶에서 죽고 자기 십자가를 지기를 요청하신다. 인간의 영혼이 그것으로부터 돌이켜 하나님께로 향할 때, 즉 예수의 영과 뜻 안에서 자아를 향해 죽고 하나님을 향해 살게 될 때, 오직 그때에만, 탐심과 음란, 세상의 영, 지독한 이기심과 교만, 그리고 모든 증오와 질투로부터 구원될 것이다.

만일 옛 자아에 대한 진정한 죽음 없이, 신앙에 대해 생각하거나 진짜 거룩한 척하는 것은 그저 허공에 집을 짓는 것과 같을 뿐이다. 한 알의 밀알이 먼저 죽지 않으면 생명을 낳을 수 없듯이, 우리도 우리 자신의 타락한 본성에 대해 죽지 않고는, 하나님 안에서 생명을 얻는다는 말의 참 의미를 알 수 없다.

자아의 완전한 죽음은 견고한 신앙의 유일한 토대이다. 오직 그것만이 영적인 삶을 옳게 뿌리내리게 하고, 죽음으로 말미암아 자라게 하여 자신의 타락한 삶을 깨뜨려 없애게 한다.

우리의 귀하신 주 예수는 십자가에서 죽고 나서야 비로소 죽음에서 일어나 아버지의 오른손의 영광으로 들림을 받을 수 있었다. 즉 이 길이 "우리를 위하여 휘장 가운데로 열어 놓으신 새로운 살 길이요 휘장은 곧 그의 육체"인 것이다(히 10:20). 마찬가지로 우리가 이 땅에 사는 동안 이곳에서 하나님의 임재의 기쁨과 생명을 맛보는 것도, 우리의 육적인 본성을 십자가에 매달고 죽음 앞에 내어놓음으로써, 이 "새로운 살 길" 안에 가능해진다. 계속적인 자아부인은 우리 마음속에 역사하시는 하나님의 임재와 권능으로 말미암아 멈출 줄 모르는 기쁨의 비결 중 하나이기도 하다.

> 주 예수님, 당신은 나에게 하나님의 임재 안에 속한 생명과 기쁨으로 들어가는 새로운 길을 열어주시기 위해 십자가에 달려 돌아가셨습니다. 이제 내 마음속에서 일하시는 하나님의 권능과 임재의 완벽한 기쁨의 비결이 되는, 끊임없는 자아부인의 길로 나를 이끌어주소서.

우리 중 다수는 우리 죄에 대한 하나님의 실제적인 용서와 거듭남을 경험했지만, 우리의 옛 본성과 자기의지를 꺾진 못했다. 그럼에도 불구하고 주 예수님은 그러한 승리를 약속하셨다. - 앤드류 머레이, 『십자가의 비밀』 중 -

만물보다 거짓되고 심히 부패한 것은 마음이라
예레미야 17:9

내가 여호와인 줄 아는 마음을 그들에게 주어서
예레미야 24:7

이와 같이 성령도 우리의 연약함을 도우시나니…
말할 수 없는 탄식으로 우리를 위하여
친히 간구하시느니라
로마서 8:26

마음의 상태

우리 구주께서는 모든 지혜를 가지고 계심에도 불구하고, 인간에게는 얼마 안 되는 도덕적 교훈만 가르치셨다. 이는 그분께서 우리의 병폐가 무엇임을 익히 알고 계셨기 때문이었다. 즉 우리 생각의 의지와 우리네 삶의 정욕이 이 세상에 빠지기 쉽고, 따라서 하나님과 천국의 생명에 우리 생각의 의지와 우리 마음의 갈망을 온전히 돌이키지 않는 이상, 그 어떤 것도 우리를 바르게 세울 수 없단 사실을 알고 계셨던 것이다. 그리하여 그분은 우리 자신과 이 세상의 영을 완전히 부인하는 것 외에 달리 우리에게 요구하지 않으시고, 다만 그분을 우리 안에 거듭남과 새로운 삶을 위해 일하시는 분으로 인정하는 믿음으로 돌이키기를 요청하신다. 그분은 우리가 우리 자신을 버릴 만한 충분한 이유이자 대가로서, 우리의 구원의 풍성함에 따라오는 엄청난 기쁨을 발견하게 하신다.

우리는 이처럼 우리의 의지와 마음이 전부임을 알 수 있다. 즉 우리의 신앙은 다름 아닌 마음의 신앙이라고 해도 과언이 아닌 것이다. 우리가 분명히 볼 수 있는 건, 이 세상에 대한 갈망이 아담과 우리를 지금 있는 이 땅 위에 버려진 가련한 방랑자로 만들어 버렸다는 것이다. 우리는 기도의 영, 또는 하나님을 쫓는 마음의 열렬한 갈망이 이 모든 묶임을 두 동강 내고, 비참한 시간의 속박에서 벗어나 영원의 부요함 속으로 우리를 이끌어낼 것이란 사실을 똑똑히 볼 수 있다.

그러므로 우리의 현 상태, 최초의 모습을 보고 알게 될 때, 우리는 기도로 무릎 꿇지 않을 수 없다. 이것은 우리 마음의 갈망 그 자체가 기도의 영을 표출한 셈이다. 일단 기도의 영이 우리를 차지하게 되면, 기도는 더 이상 이런저런 시간을 내야 하는 부담스런 일로 여겨지지 않게 되고, 오히려 하나님을 향한 마음의 끊임없는 호흡이 된다. 기도의 영 자체가 우리 마음의 상태가 되어, 우리 삶을 다스리는 원칙이 된다.

때때로 자신의 행동이 그 사실을 증명해 주겠지만, 사람을 겉과 속이 같은 온전한 사람으로 세워주는 건 오히려 자신의 마음속 은밀한 곳에 살아있는 원칙, 곧 자신의 정직이 증명하는 것이다. 마찬가지로, 이따금씩 기도하는 시간에나 기도의 영의 실체가 명명백백히 드러날 수도 있겠지만, 본질적으로 기도의 영은 항상 그 마음을 차지하고 있는 존재라는 것이다. 오히려 각양각색의 영적 훈련과 연습과는 상관없는, 인간의 노력을 뛰어넘는 존재다.

 윌리엄 로우의 말에 따라, 우리 삶에서 "끊임없이"라는 팻말을 걸어둘 필요가 있는 영역의 리스트를 작성해 보는 건 꽤 가치 있는 일이 될 것이다. 일단, 사람을 향해 "끊임없이" 모락모락 피어나는 하나님의 무한한 사랑의 향기가 있다. 또한, 우리 삶의 매순간 "끊임없이" 하나님께 의지해야할 필요가 있다. 오직 하나님으로부터만 오는 선하심과 행복의 "끊임없는" 공급이 있다. 그리고 우리 안에 그리스도의 생명을 유지시키시는 성령의 계속되는 역사를 누리기 위해, 우리의 악한 본성을 "끊임없이" 절제해야 한다. 여기에, 온 맘을 다해 하나님을 "끊임없이" 사랑하고, 그분을 쫓는 우리 마음의 기도의 호흡을 결코 멈추지 않을 것을 덧붙일 수 있다.

 성령 하나님, 아버지께서 사랑하시는 것처럼 사랑하는 것에서 가장 큰 기쁨을 자연스럽게 발견할 수 있는 마음의 상태로 나를 이끄소서.

하나님께 기꺼이 자신의 전부를 내어맡기고자 하는 그의 모든 자녀들에게, 하나님은 사람의 마음속에 자리하고자 하시는 자신의 사랑의 갈망을 나누어 주신다.
- 앤드류 머레이, 『기도의 능력』 중 -

우리도 어렸을 때에 이 세상의
초등학문 아래에 있어서 종노릇 하였더니
갈라디아서 4:3

우리가 세상의 영을 받지 아니하고
오직 하나님으로부터 온 영을 받았으니
고린도전서 2:12

너희는 아직도 육신에 속한 자로다…
어찌 육신에 속하여 사람을 따라 행함이 아니리요
고린도전서 3:3

세상의 영

인간의 태초의 상태와 타락에 대해 말해오던 사실에서 간단히 유추해낼 수 있는 것은, 죄 중에서도 타고난 죄, 또는 불신앙 중에서도 불신앙은 세상의 영이라는 점이다. 우리는 세상에 빠지는 이 성향이 단지 연약함이라고 쉽게 단정짓는 경향이 있다. 하지만 이는 하나님과 그분의 신적인 생명에 대한 아주 본질적인 배척이다.

당신이 하나님과 천국에 속한 생명 외의 다른 어떤 생명을 선택하든, 그것은 곧 죽음을 택한 것이나 마찬가지다. 죽음이란 하나님의 생명을 손실하는 것에 다름 아니기 때문이다. 인간의 영은 사람 안에 불어넣어진 하나님의 생기, 생명에서 비롯되었고, 본질적으로 따지자면 여전히 그런 셈이다. 그에 담겨진 창조주의 목적은 하나님의 생명, 하나님의 성질, 하나님의 역사, 하나님의 성품이 인간 안에 드러나도록 하기 위함이었다.

그러므로 타락한 인간이 매달리는 신앙, 구원을 향한 처절한 시도들은 심중에 이 한 가지 목적만을 꾀한다. 그것은 바로, 타락의 결과로 얻게 된 이 낯설고 세상적인 삶으로부터 해방되어, 다시금 우리 안에 하나님과 천국의 생명으로 타오르는 것이다. 요한일서 2장 16절에서는 "이는 세상에 있는 모든 것이 육신의 정욕과 안목의 정욕과 이생의 자랑이니 다 아버지께로부터 온 것이 아니요"라고 말씀하고 있다. 다시 말해서, 우리가 현재 살아가는 세상적인 삶은 본시 창조와 동시에 하나님으로부터 부여받은 그 생명의 삶이 아닌 것이다. 오히려 하나님께로부터 떨어져 이 세상의 질서 속에 추락한 우리의 타락으로 인해 우리 안에 만들어진, 이 세대의 소산물이다. 그러므로 세상의 영은 단순히 한 가지 죄로 치부될 것이 아니라, 우리 안에 하나님과 생명의 왕국에 있어서 실제로 죽음의 상태에 있다고 여겨져야 함이 분명하다.

　따라서 불신앙 중에 불신앙은 바로 세상의 영이라는 사실을 확실한 진리로 인정하라. 세상의 영은 우리의 타락이 안겨준 기질과 고통을 둘러싸고, 우리 안에 죽음의 상태를 지속시킨다. 그러므로 그 어떤 것보다도 이 세상의 영을 혐오하라. 그렇지 않으면 방법이 없다. 자칫하다가는 천국과 하나님께 속한 것이 어떤 것인지 알지도 못한 채 살다가 죽게 되어 있다. 왜냐하면 세상의 영, 육신의 영은 하나님에 대해 어떤 것도 알 수 없기 때문이다.

　진정한 지식은 삶이다. 일말의 정보로서 알려진 것이 생생한 감정이 되어 피부로 느껴질 정도로 알고 있다면 참 지식을 소유하고 있는 것이다. 주께서는 세상과 세상의 권세, 그리고 세상의 영에 대해 말씀하실 때마다 줄곧 세상이 그분과 그의 교회를 증오함을 강조하셨다. 그리고 그의 제자들 또한 마찬가지로 세상을 따르는 것에 가장 강력히 대항하며 경고했다. "세상을 사랑하면 아버지의 사랑이 그 안에 있지 아니하니"(요일 2:15). 만일 우리가 세상의 악과 위험을 발견하고 그것에 대항하여 승리하고자 한다면, 우리 자신을 성령께 내어맡기고, 하늘로부터 성령으로 충만함을 입어야 할 필요가 있다.

> 하늘의 영이시여, 모든 육신의 권세로부터 나를 구원하시고, 내 안에 있는 이 세대 권세의 모든 요소들, 작은 알갱이까지 타파하시고 승리하사, 그분의 영원한 임재의 풍성함 가운데 그리스도 예수만 내 안에 드러나게 하소서.

우리가 보좌 위 어린양의 합당한 종이 될 수 있는 것은 우리의 의지를 전적으로 순복시키고, 우리의 옛 기질을 전적으로 부인하고, 이 세상의 영으로부터 철저히 분리될 때 가능하다. - 앤드류 머레이, 『은혜의 보좌』 중 -

오호라 나는 곤고한 사람이로다
이 사망의 몸에서 누가 나를 건져내랴

로마서 7:24

내가 진실로 진실로 너희에게 이르노니 한 알의 밀이
땅에 떨어져 죽지 아니하면 한 알 그대로 있고 죽으면
많은 열매를 맺느니라

요한복음 12:24

우리 주 예수 그리스도의 아버지 하나님을
찬송하리로다 그의 많으신 긍휼대로 예수 그리스도를
죽은 자 가운데서 부활하게 하심으로 말미암아
우리를 거듭나게 하사 산 소망이 있게 하시며

베드로전서 1:3

완전한 절망에서 벗어나

　　진리가 사람의 마음을 감동시키면, 대개는 자기 이성의 힘으로는 자신의 교만과 마음의 견고함을 깨뜨릴 수 없다고 느끼게 된다. 인간 본성은 다만 그 죽음을 통해 생명으로 옮겨가는 길에 기꺼이 내어맡겨지기 전까지는, 그 자체로서 골칫거리이자 짐이다.

　　남자든 여자든, 자신의 전(全) 본성에서부터 완전히 분리되어야 한다는 사실을 알고 느끼며, 오히려 자기 자신 안에는 참된 변화를 가져올 어떤 가능성도 없단 사실을 깨닫기 전까지는, 죄와 죽음의 삶의 참되고 실제적인 변화는 있을 수 없다. 이는 우리가 하나님 안에서 새 삶을 찾기 위해, 정작 자기 자신의 삶을 잃게 됨으로써 느끼게 되는 절망이다. 바로 여기로부터 믿음과 소망, 그리고 하나님과 그리스도를 향한 참된 돌이킴이 태어나는 것이다. 그러나 우리 안에 절망으로만 가득 차기 전까지, 믿음과 소망, 그리고 하나님을 향한 돌이킴을 위해 기도하는 것은 단지 규칙과 순서에 따라 그것들을 연습한 것에 지나지 않는다. 우리가 우리 자신에 대한 모든 신뢰나 자신감을 버리지 않는 한, 그것들은 우리 안에 태어난 것도 아니요, 거듭남으로 말미암아 살아있는 열매도 아닌 것이다.

동시에 우리는 하나님께서 우리를 그분 자신의 신성한 생명과 영이 내주할 곳으로 창조하셨다는 사실을 기억하며, 우리가 여전히 하나님의 사랑이 닿는 범위 안에 있음을 알아야 할 필요가 있다. 우리는 늘 사랑을 필요로 한다. 이는 우리의 마음을 끌어당겨, 결국 모든 강한 것 중에서도 하나님의 사랑처럼 강하고 불가항력적인 것은 없다는 결론에 주목하게 만드는 미끼와 같다.

하나님이 누구신지 물어보라. 그의 이름은 사랑이다. 그는 평화, 기쁨, 영광, 그리고 축복의 극치이시다. 그리스도가 누구신지 물어보라. 그는 모든 악을 처단하는 만병통치약이시다. 그는 지치지 않는 긍휼이고, 오래 참으시는 인자하심이며, 인간 본성의 모든 결핍과 연약함을 향한 하나님의 쉬지 않는 자비의 집합체이다.

절대적인 참 신앙은 사랑의 영의 발현이다. 사랑의 영이 부어주는 모든 선물과 은혜는 사랑이다. 사랑의 영은 사랑의 생명 외에 어떤 다른 호흡도, 생명도 가지고 있지 않다. 사랑은 사람의 영 안에 드러난 천국이다. 그것은 한 치의 오류도 없는 빛이자 진리다. 사랑의 화신은, 모든 신령한 능력의 부활이자 생명이 되시고, 참된 겸손의 열매를 많이 맺는 어머니이시며, 끝이 없는 자비와 지침이 없으신 인내, 그리고 긍휼의 바다이신 그리스도 하나님이신 것이다.

  하나님은 사랑이시라는 믿음에 도달하자. 그리고 그처럼, 사랑의 행복으로 온 맘을 가득 채우길 열렬히 갈망하자. 태양이 지구 위에 그 빛과 생명력을 발한다는, 그 한 가지 위대한 목적만을 가지고 빛을 내리비치는 것처럼, 위대한 사랑의 하나님이 하루의 매순간 우리 위에 비추고 계시다는 사실을 신뢰하자. 만일 우리가 그분 앞에 시간을 드리고 다만 잠잠히 인내심 있게 기다린다면, 그 사랑은 우리 마음에 찾아와, 온갖 선물과 은혜, 그리고 말로 다 표현할 수 없는 행복을 선사할 것이다. 그 사랑이야말로 기꺼이 우리가 자아와 완전히 결별하고, 우리를 사랑하시는 하나님께 우리자신을 끊임없이 희생 제물로 내어드릴 수 있도록 할 것이다.

> 십자가에 달리신 그리스도시여, 내 안에 역사하사 나의 전부를 받으시고, 성령께서 그분의 능력의 온전함으로 내게 가득 채우사, 나로 모든 육체의 일들 앞에 죽은 자가 되게 하소서.

신자는 자기 안에서, 즉 자신의 본성을 지닌 자아 안에서 그 어떤 선한 것도 거할 수 없다는 사실을 곧 경험하게 된다. 그는 자신의 최선의 노력에도 불구하고, 죄의 법이 계속해서 자신을 옥에 가두고 이렇게 외칠 수밖에 없게 만든다는 사실을 자각한다. "오호라 나는 곤고한 사람이로다 이 사망의 몸에서 누가 나를 건져내랴?"
- 앤드류 머레이, 『십자가의 비밀』 중 -

잔과 대접의 겉은 깨끗이 하되 그 안에는
탐욕과 방탕으로 가득하게 하는도다

마태복음 23:25

육으로 난 것은 육이요 영으로 난 것은 영이니 내가
네게 거듭나야 하겠다 하는 말을 놀랍게 여기지 말라

요한복음 3:6-7

그런즉 누구든지 그리스도 안에 있으면
새로운 피조물이라 이전 것은 지나갔으니
보라 새 것이 되었도다

고린도후서 5:17

참 신앙

이 시점에서 우리는 정말로 신앙의 참된 본질은 무엇이며 어디 있는 것인지 이해해야 할 필요가 있다. 즉 그것의 역할과 효과는 내면적인 것이다. 신앙의 영광, 생명, 그리고 온전함은 이를테면 우리 안에서 일어난다고 봐야 옳다. 신앙은 단지 우리 마음의 내면의 영 안에 새로운 생명, 새로운 사랑, 새로운 탄생을 일으키는 것이다. 이는 본래 그 발원에서부터 신앙의 영적인 속성인 것이고 그것만이 언제까지나 유일한 참된 속성이다. 그리고 아버지와 아들과 성령이 생명을 창조하고, 타락한 영 안에서 생명을 되살리고, 모든 악을 그 안에서 몰아낸 것처럼, 그 일은 오직 하나님의 권능이자 생명에 다름없는 것이다.

신앙은 신령과 진정의 봉사도 아니고, 하나님께 드리는 적절한 예배도 아니다. 그 안에는 어떤 선함도 없고, 인간에게서 어떤 악을 제거할 수 있는 능력도 없고, 그것은 인간 안에 어떤 신성한 생명도 일으킬 수 없다. 오직 사람의 영 안에 내주하시고 살아계신 삼위일체 하나님의 역사를 섬기고, 예배하고, 따르며, 이를 위해 그 전부를 포기하여 드리지 않는 한 말이다. 신앙이 내면의 영적인 생명이라는 이 신념을 고수하라. 당신 안에서 일어나는 그 모든 움직임들을 주의 깊게 관찰하라. 당신의 마음속에 거룩하고 신령한 모든 것이 내적으로 눈뜨지 않는 한, 어떤 선함도, 어떤 위안도 구하지 말라. 그럴 때, 당신이 그러한 내적인 신앙을 소유한 만큼에 비례하여, 진정한 구원을 경험하고 소유하게 될 것이다.

구원은 본질적으로 본성에 대한 승리이다. 당신이 당신의 허영, 이기심, 육적인 본성에 저항하고 부인하는 만큼, 당신이 당신의 옛 자아의 본래적인 기질을 극복한 만큼, 바로 그만큼 당신은 당신 안에 살아계시고 역사하시는 하나님의 생명을 경험하게 될 것이다. 그분 안에서 당신이 신령과 진정으로 예배하는 새로운 피조물이 되게 하기 위해, 당신의 가장 깊숙한 내면을 비추는 빛이 되시고, 생명이 되시고, 영이 되시는 분이 바로 당신 안에 계신 하나님이다.

성경의 모든 말씀은 결국 우리의 종교적인 행실들이 우리 안에서 역사하시고, 생기를 불어넣으시며, 거룩케 하시는 하나님의 영께 내맡기도록 하는 수단이 될 뿐이라는 결론으로 우리를 이끈다. 그리고 이는 모두 동정녀 마리아 안에 하나님의 아들을 잉태케 하신 그 동일한 영을 통해서, 우리 안에 참되고 진정한 그리스도의 성정을 형성시키기 위함이라는 한 가지 목적에 귀결된다.

참된 신앙이 성립되기 위한 조건으로 하나님이 꼽으시는 건 무엇인지 유념하자. 그것은 바로 그분께서 직접 자신의 영으로써 우리 안에 빛이자 생명으로 거하시고 역사하셔야 한다는 것이다. 우리 마음에 하나님이 품으신 이 생각들을 새길 때, 그분을 끊임없이 의지하는 것, 성령께서 우리 안에 불어넣으시는 그분의 생명을 끊임없이 공급받는 것, 그리고 그분을 향한 우리 마음의 갈망의 끊임없는 호흡이 우리 안에 그리스도의 생명을 실재로서 만들어 내는 것을 보게 될 것이다. 이것만이 우리가 하나님의 거룩한 임재 안에 계속적으로 예배하고, 기도하고, 일할 수 있게 하는 참된 원동력이다.

주님, 내 자신의 본성에 사로잡힌 영의 권세와 이 세상의 영과 지혜로부터 나를 구하사, 삶을 사는 동안 나로, "나의 신앙은 오직 아버지의 영이 내 안에 역사하시는 바로 그것만이 되게 하소서."라고 고백하게 하소서.

우리는 성령을 통해 주 예수께서 우리 안에 이렇게 역사하실 것을 기대한다.
- 앤드류 머레이, 『높은 곳으로부터 오는 능력』 중 -

누가 나를 건져내랴 우리 주 예수 그리스도로
말미암아 하나님께 감사하리로다

로마서 7:24-25

나를 떠나서는 너희가 아무 것도 할 수 없음이라

요한복음 15:5

무릇 사람이 할 수 없는 것을
하나님은 하실 수 있느니라

누가복음 18:27

완전한 의뢰

    내가 줄 수 있는 교훈 중에, 기도의 영에 대해 도움이 되거나 앞서 준비가 될 만한 최상의 가르침은 이미 태초의 완벽함과 비참한 타락, 그리고 영광스러운 인간의 구원에 대해 이야기하면서 충분히 전해졌다. 인간의 가르침으로는 얻을 수 없는 모든 것을 얻을 수 있게 하는 것이 바로 이 위대한 일들에 관한 참된 지식이다.

    본성에 갇힌 현재의 상태에 대한 혐오로 가득 차게 하고, 당신의 영혼에서 모든 정욕을 몰아내며, 당신이 가지고 있던 태초의 완벽함에 대한 진심어린 사모를 만들어낸 것은 바로 이 위대한 일들이 틀림없다. 당신이 진정한 기도를 배울 수 있는 건, 성부 성자 성령 세 분을 향한 마음의 계속적인 갈망으로 가득 채워짐으로써 뿐만 아니라, 자신이 어떤 존재이며 어떤 존재여야만 하는지에 대한 근본적인 인식에 눈뜸으로써 가능해진다.

모든 장애, 시련, 열정의 저하, 또는 우리의 악한 기질로 인한 방해를 안전하게 뚫고 지나갈 수 있는 유일한 해답의 길은 바로 우리 자신으로부터는 아무것도 기대하지 않으면서, 대신 구원의 하나님께만 순전히 의지하는 것뿐이다. 이 진리만 움켜잡아라. 그러면 본성에서 비롯된 어떤 유혹이나 반항이 닥쳐와도, 그 길을 통해 오직 하나님과의 참된 연합으로만 인도될 것이다. 우리의 기대가 오직 하나님 한 분으로부터만 비롯된다면, 어떤 실제적인 방법으로도 우리를 해할 수 있는 것이란 없다.

그러므로 우리는 결코 우리 같은 육체의 생명을 창조해낼 수 없다는 무력함을 스스로 깨닫기 쉬운 만큼, 우리 안에 어떤 선함도 가질 수 없다는 무력함 또한 쉽게 깨닫게 될 것이다. 그리고 그렇게 깨닫기를 우리의 생각 전체의 기질이 완전히 변화될 때까지 할 것이다. 우리가 행복하게도 그러한 확신에 당도했을 때, 우리의 생각의 영은 온전히 더 이상 어떤 다른 능력에도 눈길 주지 않고, 오직 하나님의 영의 역사만을 의지하는 참된 믿음과 소망과 신뢰를 느끼게 될 것이다.

우리가 기도를 너무 안 한다는 고백은 사실 전 세계 인류에게서 보편적으로 들을 수 있는 말이다. 기도로 하나님과의 교제를 지속할 수 있다는 것이 우리의 최상의 특권임에도 불구하고, 많은 이들에게 부담과 실패를 안겨주고, 또 많은 이들에게 실제적인 능력도 없이 형식에 매이는 문제로 고민하게 한다는 사실이 얼마나 이상한가! 우리 자신으로부터는 어떤 것도 기대하지 않는 것이 첫 번째 단계이다. 두 번째 단계는 하나님께 모든 것을 기대하는 것이다. 이 두 가지 생각이 참된 기도의 뿌리가 된다.

  사람, 우리 자신, 그리고 우리의 필요에 우리의 생각을 집중하는 대신에, 그 생각들을 모아 그분의 영광과 그분의 사랑을 느끼도록 하자. 그럴 때, 기도는 기쁨과 능력이 될 것이고, 우리의 열띤 노력은 가장 위대한 축복으로 탈바꿈될 것이다. 왜냐하면 그 끊임없는 노력이 하나님을 기다릴 수밖에 없게 만들기 때문이다.

> 전능하신 하나님의 영이시여, 내 안에 역사하사, 끊임없이 주를 의지하고 사모하는 삶을 살게 하셔서, 그리스도께서 나에게 그분 자신을 완전히 계시하게 하시고, 그분의 영광을 위해 나를 사용하게 하소서.

우리를 모든 육의 권세로부터 구해내고, 세상의 권세를 파할 수 있는 분은 오직 성령이시다. 그리고 그리스도 예수께서 다름 아닌 그분의 영원한 임재 안에서 자기 자신을 우리에게 계시해 보이시는 것도 오직 성령을 통해서다. - 앤드류 머레이, 『생명 되신 주』 중 -

내 죄가 항상 내 앞에 있나이다…보소서 주께서는
중심이 진실함을 원하시오니…나를 정결하게 하소서
내가 정하리이다 나의 죄를 씻어 주소서…
내 모든 죄악을 지워 주소서…
하나님이여 내 속에 정한 마음을 창조하시고

시편 51:3-10

심령이 가난한 자는 복이 있나니…
애통하는 자(와)…의에 주리고 목마른 자는
복이 있나니 그들이 배부를 것임이요

마태복음 5:3-6

절대적인 순복

이제 예외 없이 효과만점인 영적 원리를 하나 말해 주고자 한다. 그 원리란 바로 이것이다. 세상, 그리고 세상과 관계된 모든 일들로부터 물러나라. 당신의 생각과 마음으로 하던 이전 일 모두를 멈추라. 그렇게 하기를 한 달 동안, 할 수 있는 한 꾸준히, 다음에 제시된 기도의 형식을 따르면서, 온 힘을 다해 연습하라. 그 기도의 형식인즉슨, 자주 무릎을 꿇고 하나님과 함께하는 것이다. 그렇지만 앉든, 서든, 걷든지 간에 항상 내면의 갈급함과 열심을 가지고, 꼭 이 한 가지 기도를 하나님께 드리라. "당신의 위대한 선하심을 나로 알게 하소서. 악한 영이 심어놓았든, 나의 더러운 본성으로 말미암았든, 내 마음에 어떤 형태든지 조금의 교만도 있지 않도록 제거해 주소서. 그리고 당신의 영의 빛 가운데 살 수 있게 만드는 그 겸손에 대해 깊은 깨달음과 이해가 생기도록 나를 깨워주소서."

마치 고통 중에 있는 사람들이 그 고통에서 해방되기 위해 간절히 기도하는 것과 같은 진심과 열심을 가지고, 마음 깊이에서 우러나오는 위와 같은 기도 이외에 모든 다른 생각들을 제한하라.

　당신 내면에 하나님의 빛으로 말미암아 자극된 감성의 상태에서 활활 타오르게 된, 자신이 누구인지에 대한 고통스러운 자각과 느낌은, 당신의 기도의 영이 발화하여 더 앞으로 나아가도록 만드는 불과 빛이다. 처음 타오를 땐 고통과 분노와 암흑 외엔 어떤 것도 발견하거나 느낄 수 없다. 그러므로 처음 쏟아져 나오는 기도는 일반적으로 후회의 감정, 자기 정죄, 자백과 겸손을 표출한다. 이때 자신의 비참함만 느낄 뿐이므로, 결국 온전한 겸손의 기도를 이룬다. 이 겸손의 기도는 그것을 감싸주시는 하나님의 사랑과 자비와 만나게 되며, 그로 인해 감격스러운 감사의 기도로 변하기 시작한다.

　이 기도의 백열 상태가 제 역할을 완수하고 나면, 모든 육적인 정욕과 애정은 녹아서 흘러가 버리고, 영혼 안에 어떤 본성적인 기질은 남아있지 않게 되어, 오직 하나님 한 분만을 향한 기쁨만 있게 된다. 그때 기도는 다시 변한다. 이제는 하나님께 아주 가까이 다가가 있고, 그와 하나됨을 누리게 되어, 기도한다기보다는 하나님 안에서 살게 되는 것이다. 특별히 표현하려 애쓰거나 특별한 시간, 말, 장소에 얽매이기보다는, 끊임없는 믿음과 순결한 사랑의 풍성함 위에 서있고, 사랑하는 그분을 기쁘시게 하기 위해 무엇을 해야 할지, 어떤 모습으로 있어야 할지 절대적인 순복을 드리고 있는 완전한 존재로서 총체적인 빛을 발하게 되는 것이다. 이것이 바로 기도의 영의 마지막 상태이며, 이 생애에서 하나님과 누릴 수 있는 최고의 연합이다.

기도는 단지 하나님께 어떤 요구사항을 전하는 것, 그 이상이다. 기도는 우리가 하나님과 교제할 수 있는 참모습을 가장 위대하게 인식시켜 준다. 그것은 자신의 무익함, 무력함을 알고 인정하는 깊은 겸손에서 시작된다. 그분의 사랑의 교제 안에 하나님을 만나는 것 외에 다른 갈망은 없다. 그리하여 완전한 존재로서 계속해서 절대적인 순복 안에 살기만을 바라게 되는 것이다.

> 주님, 제가 자비의 하나님의 발 아래 깨어진 마음으로 제 자신을 내던질 때까지, 그리고 내 인생의 매순간 가는 곳마다, 나의 모든 것이 하나님께 드려질 때까지, 뜨거운 열정의 소멸하는 영으로 나를 가득 채워주소서.

이 십자가의 삶을 받아들일 때 비로소 우리는 바울과 같이 말할 수 있게 된다. "내게는 우리 주 예수 그리스도의 십자가 외에 결코 자랑할 것이 없다" 고(갈 6:14). 십자가 위에서 보여 주신 그리스도의 성품, 곧 겸손, 세상의 모든 영광을 저버린 희생, 그리고 자기 부인의 영이 당신의 것이 되게 하라. - 앤드류 머레이, 『은혜의 보좌』 중 -

여호와 하나님이…생기를 그 코에 불어넣으시니
사람이 생령이 되니라

창세기 2:7

이 말씀을 하시고 그들을 향하사
숨을 내쉬며 이르시되 성령을 받으라

요한복음 20:22

기도의 영

위로부터 거듭난 자의 영은 사실상 그 사람에게 직접 불어넣어진 하나님의 영의 것이라 할 수 있다. 여기에 깃든 하나님의 목적은 자기 자신의 신적인 생명과 신성, 그의 역사와 갈망이 그 사람 안에서 드러나는 것이다.

우리가 "기도의 영"이라 부르는 것은 구속된 사람 안에서 변화된 새 영을 지닌 채 이 세상의 삶 너머에 닿고자 뻗는 손이다. 이는 위로부터 영의 충만함을 받고, 하나님 안에서 그리스도와 함께 하나의 생명, 하나의 사랑, 하나의 영을 이루고자 하나님의 생명을 좇는 간절함이며, 자아중심의 삶으로부터의 돌이킴이다.

영혼의 온갖 욕구와 정욕의 포기를 필요로 하는 이 기도는 하나님의 빛과 사랑을 향해 내면의 자아를 여는 것이고, 어떤 것도 거부할 수 없는 그리스도의 이름으로 드리는 기도이다. 창조주가 자신의 창조물을 향해 품은 사랑, 그리고 더 온전히 그 피조물에게로 들어가서 그 안에 내주하며, 그 사람 안에 거룩한 말씀과 영의 모습으로 자신을 구현하길 바라는 그분의 영원무궁한 열망은 구속된 마음의 문이 그를 향해 활짝 열리기를 간절히 기다리며 애쓰고 있다.

게다가 그 어떤 것도 거듭난 존재로부터 하나님을 몰아내거나, 그분과의 거룩한 연합을 방해할 수 없다. 그 사람의 마음이 그분으로부터 멀어지기를 원하지 않는 한 말이다.

피조물의 욕구와 기쁨, 그리고 갈망이 주로 세상적인 것들에 맞춰져 있을 땐, 그 인간다움은 하나님으로부터 추락하여 강등된다. 그리하여 내면의 삶은 육체의 삶과 같이 세속화되고 동물처럼 변한다. 하나님의 자녀들이여, 하나님 아버지께서 성령으로 말미암아 우리 안에 그분 자신의 생명과 신성, 그리고 역사하심을 계시하고자 하시는 그 의미에 대해 올바른 인식을 갖도록 하자.

우리는 세상적인 것에 관한 욕구를 이루는 데에는 희생을 아끼지 않는다. 옛 습관에 젖어 하나님의 지식, 하나님의 사랑, 하나님의 뜻, 그리고 하나님의 기뻐하시는 것을 궁구하고 애쓰는 것이 우리의 위대한 목적이 되게 하지 않을 작정인가? 오직 우리가 우리 자신을 영원한 의지와 경배의 삶 앞에 내어드리기만 한다면, 하나님은 우리를 축복하시고, 자신을 계시하여 우리에게 보이시고, 우리를 그분의 생명으로 가득 채우시고, 그분의 영광을 위해 우리를 들어 쓰실 것이다. 그렇다면 우리는 아버지의 사랑과 아버지의 영광 안에 이 땅에서 매일 예수의 삶을 살면서, 그리스도 예수의 발자취를 따라 걷는 삶을 사는 것이 결코 불가능한 것이 아님을 증명해야 할 것이다.

> 사랑의 영이여, 당신만이 내 마음속에 살아 움직이는 모든 것의 호흡이 될 때까지, 내 안에 숨쉬소서.

오직 그리스도와 함께 십자가에 못 박힌 자들만이 성령의 권능으로 충만함을 받을 수 있다. 성령이 크리스천들 중에 완전한 통치권을 가질 수 없는 이유는, 모든 육적인 것에 죽는 일이 얼마나 필요한지 깨닫는 크리스천이 거의 없기 때문이다.
- 앤드류 머레이, 『높은 곳으로부터 오는 능력』 중 -

전심으로 여호와를 구하는 자는 복이 있도다
시편 119:2

너희가 온 마음으로 나를 구하면
나를 찾을 것이요 나를 만나리라
예레미야 29:13

하나님을 가까이하라
그리하면 너희를 가까이하시리라…
너희 웃음을 애통으로, 너희 즐거움을
근심으로 바꿀지어다 주 앞에서 낮추라
그리하면 주께서 너희를 높이시리라
야고보서 4:8-10

마음의 기도

사랑과 신뢰, 믿음 안에 우리가 필요하고 바라는 모든 것을 그분께 얻기를 구하는 것처럼, 당신 자신의 마음으로부터 샘솟는 내면의 감정, 필요, 성향을 따라 하나님께로 돌이키는 것! 그것이 말로 표현되고 말고를 떠나서, 하나님을 향한 이러한 돌이킴은 이 세상에서 가장 좋은 형태의 기도다. 당신의 마음의 진실한 상태를 들추고 있지 않은 기도는 사실 당신은 들어있지도 않은 깊은 우물로부터 퍼 올리는 기도와도 같다. 그러나 진실로 하나님을 사모하고 갈망할 때 드리는 그 마음의 기도는 하나님의 영으로 감동되고 생기를 얻은 기도이다. 그 기도는 당신의 마음 안에서 일어나고 움직이고 열리는 하나님의 호흡 또는 감동이다.

오직 하늘로부터 내려 받은 것이 아니면, 하늘로 올려질만한 최소한의 갈망이나 움직임마저 행할 수도 가질 수도 없다는 것은 자명한 진리다. 따라서 당신의 마음에 선한 갈망이 일어날 때마다, 동일하게 성령의 열매이자 역사인 선한 기도가 하나님의 마음을 움직이게 된다. 다만 몇 마디 말이라도 마음이 끊임없는 갈망의 상태를 표현할 때야말로, 진심어린 기도임을 확증케 하는 본색을 드러내는 것이다.

당신은 이미 영적인 삶을 향해 올바른 첫 발을 내디뎠다. 당신은 자기 자신을 온전히 하나님께 드려, 성령의 빛이 지도하시고 인도하시는 그분의 뜻에 따라 참되게 살고 있다.

이제 당신이 내딛어야 할 다음 걸음은, 이 첫 번째 결심과 자신을 하나님께 드린 헌신이 계속되도록 유지하는 것이다. 이는 순전히 기도에 의지하지 않고는 전진할 수 없는 단계다. 당신의 마음과 기질의 상태에서 하나님을 향해 나아가는 자신만의 기도, 그 기도가 아닌 다른 것으로는 최소한의 능력조차 얻을 수 없다. 다른 무엇보다도, 이 마음의 기도에 힘쓰라. 그리고 그 기도만이 하늘에 닿을 수 있는 가장 확실한 길임을 인정하라.

세상적인 일에 있어서도 누군가 자신의 마음에 어떤 중요한 일이 생기면, 그것과 상관없는 모든 것은 무시하게 된다. 그와 마찬가지로, 자신의 마음이 하나님으로만 강력히 점유되고, 오직 위대하고 선한 갈망으로서 그 마음이 온전히 드려질 때, 당신의 마음은 참된 기도의 상태를 유지하게 될 것이다.

기도의 시간을 통해 우리는 기도의 삶으로 이끌릴 것이 분명하다. 우리의 눈이 빛을 내뿜는 햇빛으로 말미암아 즐거이 하루를 즐길 수 있는 것처럼, 기도의 삶 속에서, 우리의 마음은 하나님의 임재 안에 영원히 살며 즐거워하게 될 것이다. 우리가 구하거나 생각하는 모든 것을 뛰어넘어 넘치도록 풍성히 행하실 수 있는 하나님이, 우리가 그분의 임재의 빛 안에 걸을 때, 성령의 능력으로 말미암아 이 멈추지 않는 기도의 삶을 위해 힘주실 수 있는 분인 것과 기꺼이 그러길 원하시는 분이심을 신뢰하자.

> 내 인간적인 영혼이 자신으로부터 돌이켜 하나님을 향하고, 자신에게 죽어 오직 하나님께 기댄 삶을 살 때까지, 하나님의 불로 나를 사르소서.

크리스천의 삶을 성공적으로 살기 위해서는, 자기부인, 즉 세상의 영을 만족시키는 교만과 죄인의 본성으로 즐거워할만한 것들에 대한 희생이 요구된다. 하나님께서 사람의 마음을 만족케 하시고 그 안에 놀라운 기적을 일으키시길 요구하는 것처럼, 승리의 삶을 사는 데 필수적인 권능을 얻기 위해서는, 전부를 온전히 하나님께 내어드림이 요구되는 것이다. - 앤드류 머레이, 『십자가의 비밀』 중 -

기록된 바 첫 사람 아담은 생령이 되었다 함과 같이
마지막 아담은 살려 주는 영이 되었나니

고전 15:45

성령이 친히 우리의 영과 더불어
우리가 하나님의 자녀인 것을 증언하시나니

롬 8:16

우리에게 주신 성령으로 말미암아
그가 우리 안에 거하시는 줄을 우리가 아느니라

요일 3:24

성령의 증언

　이 세상에서 공기가 우리의 삶에 없어서는 안 될 요소인 것처럼, 하나님의 영의 역사는 우리의 영적인 삶에 필수적이다. 그렇다고 해도 이 세상의 공기가 그 안에 살고 있는 피조물과는 뚜렷이 다른 만큼, 성령의 역사는 우리와 전혀 별개로 구별되며 우리를 현저히 뛰어넘는다. 그러면서도 사실상 우리 자신의 영이 하나님으로부터 기인했으며, 태초에 아담 안에서 격동하며 일어난 하나님의 영의 일하심의 결과물이란 사실을 명심해야 할 필요가 있다.
　사람 안에 있는 영은 하나님과 동일하지 않음에도 불구하고, 바로 태초에 다름 아닌 하나님의 영이 피조물의 형상에 생기를 불어 넣으심으로써 탄생된 것이다. 그러므로 그 기원과 성질이 신성을 띠고 있기 때문에, 오직 사람의 영만이 하나님께 닿을 수 있고, 그분과 연합할 수 있으며, 그분에 의해 은혜 받을 수 있는 것이다.

당신이 얼마만큼 하나님의 영에 의해 인도되고 있는지 어떻게 알 수 있는가 궁금할 수도 있다. 우리 모두가 허기나 포만감, 또는 괴롭다거나 기쁘다는 것을 스스로 당연히 아는 것처럼, 하나님의 영에 관해서도 마찬가지이다. 왜냐하면 하나님의 영이 모든 다른 영이나 기질과 구별됨은, 그 어떤 자연적인 감정이 서로 달라 구별되는 것보다 훨씬 더 현저하고 또렷하여 구별해내기가 쉽기 때문이다.

좀더 자세히 말해본다면, 하나님은 흔들림 없는 인내요, 격동시킬 수 없는 온유함이시다. 그분은 영원한 자비요, 순수한 선이시며, 광대한 사랑이시다. 하나님의 기쁨은 그분 자신과 그분만의 행복을 모든 것에게 전해주는 데 있다. 단, 그 대상이 그것을 받을 수 있는 능력에 따라서 말이다. 그분은 오직 선함만을 낳는 선이시고, 오직 선으로만 모든 악을 이기신다.

성령의 열매인 우리의 사랑은 우리의 구원 안에 계시된 하나님의 사랑을 아는 지식이나 믿음만으로 이루어진 단순한 것이 아니다. 이 문제는 훨씬 더 깊은 논의를 필요로 한다. 우리의 사랑은 하나님의 사랑이 우리 마음에 편만하게 스며들었단 사실에 기인한다. 이 사랑은 신성한 생명력, 즉 하나님이 선하심을 알고 그에 따라 영혼을 좌지우지 할 수 있는 성향이 된다. 다시 말해, 이 사랑은 하나님께 진심으로 헌신된 사람의 삶을 다스리고, 그 사람의 생각과 행동을 통제하게 되는 것이다. 이 거룩한 사랑은 하나님과의 교제, 그리스도와의 연합, 그리고 형제자매를 향한 사랑을 포함한다.

위에서 꽤 길게 표현한 것이 바로 하나님의 성질이다. 그리고 바로 그 사실이 당신이 하나님의 영에 의해 감동되고 인도받고 있다는 확실성에 대한 증거가 된다. 만일 그분이 자비하신 것처럼 자비하고자 갈망한다면, 무엇으로도 격동시킬 수 없는 그분의 인내하심의 성품을 소유하고자 한다면, 그분의 영원한 온유하심의 아름다움 안에 거하길 원한다면, 당신의 마음에 이러한 진심어린 갈망과 소원함이 있다면, 그리고 만일 당신이 그분의 광대하고 분리될 수 없는 사랑 안에 그분을 닮고자 갈망한다면, 만일 당신에게 맡겨진 사람들과 당신이 할 수 있는 한 모든 선한 것을 함께 나누고 싶다면, 그렇다면, 하나님의 영이 당신 안에 참으로 살아계시고, 거하시고, 다스리고 계신다는 사실을 절대적으로 믿어 의심치 않아도 좋다.

이제 반대로 이런 선한 가치들이 전혀 없을 경우, 즉, 만일 당신의 온 마음과 생각이 그런 것들에 기울어져 있지 않다면, 당신이 하나님의 영에 의해 감동되어 움직여지고 있다고 단언하기에는 무리가 있지 않을까 한다. 여기 당신을 위해 제시해 놓은 경계선을 벗어나지 않도록 유의하라. 열매로 맺어진 가치나 행실 외에는 그 어떤 것도 하나님의 역사나 성령의 증거로 주장하지 말라. 그럴 때에라야 비로소 당신은 사도 요한과 같이 "그가 우리 안에 거하시는 줄을 우리가 안다."(요일 3:24)라고 말해도 좋을 것이다.

성령이 우리 영혼의 증인이 되시며, 그분이 자기의 임재를 우리 안에 확증하신다는 사실을 신뢰하자. 어린아이와 같은 믿음과 순종으로 자기 자신을 그분께 내어맡긴 사람은, 그분께서 자신을 정말로 인도하고 계신 것과 "곧 주의 영으로" 말미암아 "그와 같은 형상으로 변화하여 영광에서 영광에 이르게" 되는 과정 가운데 있다는 사실을 눈치 못 챌 일 따윈 결코 없을 것이다(고후 3:18).

> 주님, 나의 유일한 소망은 당신과의 영원한 교제 안에서만 발견될 수 있습니다. 내 마음속에 거하시는 당신의 생명과 사랑의 충만함만이 나의 유일한 갈망, 그리고 끊임없는 기도가 되게 하소서.

성령을 통해 우리는 하루 종일 예수 그리스도의 임재와 사랑을 경험할 수 있게 된다. 그러나 이를 위해서는, 그분께서 우리를 완전히 소유하셔야만 한다. 그분은 우리의 온 마음과 삶 전부를 요구하신다. …우리가 일단 이 진리를 충분히 이해하게 된다면, 우리는 우리가 얼마나 성령께 의지하고 있는지를 깨닫게 될 것이며, 그분께서 우리 삶에 권능으로 임하시길 아버지께 기도하게 될 것이다. - 앤드류 머레이, 『생명 되신 주』 중 -